DOCÊNCIA em FORMAÇÃO
Educação de Jovens e Adultos

**Coordenação:
Selma Garrido Pimenta**

© 2014 by José Rubens Lima Jardilino
Regina Magna Bonifácio de Araújo

© Direitos de publicação
CORTEZ EDITORA
Rua Monte Alegre, 1074 – Perdizes
05014-001 – São Paulo – SP
Tel.: (11) 3864-0111 Fax: (11) 3864-4290
cortez@cortezeditora.com.br
www.cortezeditora.com.br

Direção
José Xavier Cortez

Editor
Amir Piedade

Preparação
Roksyvan Paiva

Revisão
Alexandre Ricardo da Cunha
Gabriel Maretti
Rodrigo da Silva Lima

Edição de Arte
Mauricio Rindeika Seolin

Ilustração de capa
Antonio Carlos Tassara de Padua

Dados Internacionais de Catalogação na Publicação (CIP)
(Câmara Brasileira do Livro, SP, Brasil)

Jardilino, José Rubens Lima
 Educação de Jovens e Adultos: sujeitos, saberes e práticas / José Rubens Lima Jardilino; Regina Magna Bonifácio de Araújo – 1. ed. – São Paulo: Cortez, 2014. – (Coleção docência em formação: Educação de jovens e adultos)

 ISBN 978-85-249-2308-1

 1. Educação 2. Educação de Jovens e Adultos 3. Pedagogia 4. Sociologia educacional I. Araújo, Regina Magna Bonifácio de. II. Título. III. Série.

14-11484   CDD-306.43

Índices para catálogo sistemático:
 1. Sociologia da educação   306.43

Impresso no Brasil – janeiro de 2021

José Rubens Lima Jardilino
Regina Magna Bonifácio de Araújo

Educação de Jovens e Adultos
sujeitos, saberes e práticas

1ª edição
1ª reimpressão

SUMÁRIO

AOS PROFESSORES 7

APRESENTAÇÃO DA COLEÇÃO 9

APRESENTAÇÃO DA SÉRIE E DO LIVRO 19

PREFÁCIO 23

INTRODUÇÃO 31

CAPÍTULO I — O CONTEXTO SOCIAL E POLÍTICO DA EJA
NO CENÁRIO BRASILEIRO 39
    1. Cenas do contexto
    histórico e político 41
    2. Cenas do contexto social 49
      2.1. A EJA e os movimentos sociais 49
      2.2. O Movimento de Cultura Popular 54
      2.3. O Movimento Brasileiro
      de Alfabetização – Mobral 59
      2.4. A Alfabetização Solidária –
      AlfaSol 62
      2.5. O Mova 66
      2.6. A Ação Educativa 70

CAPÍTULO II — O CONTEXTO ACADÊMICO DA EJA 73
    1. Os encontros nacionais
    e internacionais de EJA 76
    2. Os Fóruns de EJA:
    a experiência brasileira 89
    3. A EJA nas universidades 94
    4. A EJA nas pesquisas 98
    5. O GT18 da Anped – *locus*
    privilegiado da pesquisa sobre EJA 110

6. A EJA no sistema
educacional brasileiro 112
7. A EJA na legislação
educacional brasileira 116

Capítulo III Os sujeitos da EJA 133
1. Os sujeitos da EJA:
o professor e sua formação 135
1.1. A formação dos educadores
de jovens e adultos:
inicial e continuada 137
1.2. Valorização dos saberes docentes 154
1.3. Os conhecimentos dos professores
e sua relação com a formação 156
1.4. A formação do professor
e a produção dos saberes 159
2. Os sujeitos da EJA: o aluno –
identidade e trajetória escolar 164
3. O desafio da juvenilização da
Educação de Adultos no Brasil 180

Desafios à maneira de conclusão 191

Referências bibliográficas 197

AOS PROFESSORES

A **Cortez Editora** tem a satisfação de trazer ao público brasileiro, particularmente aos estudantes e profissionais da área educacional, a **Coleção Docência em Formação**, destinada a subsidiar a formação inicial de professores e a formação contínua daqueles que estão em exercício da docência.

Resultado de reflexões, pesquisas e experiências de vários professores especialistas de todo o Brasil, a Coleção propõe uma integração entre a produção acadêmica e o trabalho nas escolas. Configura um projeto inédito no mercado editorial brasileiro por abarcar a formação de professores para todos os níveis de escolaridade: **Educação Básica** (incluindo a **Educação Infantil**, o **Ensino Fundamental** e o **Ensino Médio**), a **Educação Superior**, a **Educação de Jovens e Adultos** e a **Educação Profissional**. Completa essa formação com os Saberes Pedagógicos.

Com mais de 30 anos de experiência e reconhecimento, a Cortez Editora é uma referência no Brasil, nos demais países latino-americanos e em Portugal por causa da coerência de sua linha editorial e da atualidade dos temas que publica, especialmente na área da Educação, entre outras. É com orgulho e satisfação que lança a **Coleção Docência em Formação**, pois estamos convencidos de que se constitui em novo e valioso impulso e colaboração ao pensamento pedagógico e à valorização do trabalho dos professores na direção de uma escola melhor e mais comprometida com a mudança social.

José Xavier Cortez
Editor

APRESENTAÇÃO DA COLEÇÃO

A Coleção **Docência em Formação** tem por objetivo oferecer aos professores em processo de formação e aos que já atuam como profissionais da Educação subsídios formativos que levem em conta as novas diretrizes curriculares, buscando atender, de modo criativo e crítico, às transformações introduzidas no sistema nacional de ensino pela Lei de Diretrizes e Bases da Educação Nacional, de 1996. Sem desconhecer a importância desse documento como referência legal, a proposta desta Coleção identifica seus avanços e seus recuos e assume como compromisso maior buscar uma efetiva interferência na realidade educacional por meio do processo de ensino e de aprendizagem, núcleo básico do trabalho docente. Seu propósito é, pois, fornecer aos docentes e alunos das diversas modalidades dos cursos de formação de professores (licenciaturas) e aos docentes em exercício, livros de referência para sua preparação científica, técnica e pedagógica. Os livros contêm subsídios formativos relacionados ao campo dos saberes pedagógicos, bem como ao campo dos saberes relacionados aos conhecimentos especializados das áreas de formação profissional.

A proposta da Coleção parte de uma concepção orgânica e intencional de educação e de formação de seus profissionais, e com clareza do que se pretende formar para atuar no contexto da sociedade brasileira contemporânea, marcada por determinações históricas específicas.

Como bem mostram estudos e pesquisas recentes na área, os professores são profissionais essenciais nos processos de mudanças das sociedades. Se forem deixados à margem, as decisões pedagógicas e curriculares alheias, por mais interessantes que possam parecer, não se efetivam, não gerando efeitos sobre o social. Por isso, é preciso investir na formação e no desenvolvimento profissional dos professores.

Na sociedade contemporânea, as rápidas transformações no mundo do trabalho, o avanço tecnológico configurando a sociedade virtual e os meios de informação e comunicação incidem com bastante força na escola, aumentando os desafios para torná-la uma conquista democrática efetiva. Transformar as escolas em suas práticas e culturas tradicionais e burocráticas que, por intermédio da retenção e da evasão, acentuam a exclusão social, não é tarefa simples nem para poucos. O desafio é educar as crianças e os jovens propiciando-lhes um desenvolvimento humano, cultural, científico e tecnológico, de modo que adquiram condições para fazer frente às exigências do mundo contemporâneo. Tal objetivo exige esforço constante do coletivo da escola – diretores, professores, funcionários e pais de alunos – dos sindicatos, dos governantes e de outros grupos sociais organizados.

Não se ignora que esse desafio precisa ser prioritariamente enfrentado no campo das políticas públicas. Todavia, não é menos certo que os professores são profissionais essenciais na construção dessa nova escola. Nas últimas décadas, diferentes países realizaram grandes investimentos na área da formação e desenvolvimento profissional de professores visando essa finalidade. Os professores contribuem com seus saberes, seus valores, suas experiências nessa complexa tarefa de melhorar a qualidade social da escolarização.

Entendendo que a democratização do ensino passa pelos professores, por sua formação, por sua valorização profissional e por suas condições de trabalho, pesquisadores têm apontado para a importância do investimento no seu desenvolvimento profissional, que envolve formação inicial e continuada, articulada a um processo de valorização identitária e profissional dos professores. Identidade que é *epistemológica*, ou seja, que reconhece a docência como um *campo de conhecimentos específicos* configurados em quatro grandes conjuntos, a saber:

1. conteúdos das diversas áreas do saber e do ensino, ou seja, das ciências humanas e naturais, da cultura e das artes;
2. conteúdos didático-pedagógicos, diretamente relacionados ao campo da prática profissional;
3. conteúdos relacionados a saberes pedagógicos mais amplos do campo teórico da educação;
4. conteúdos ligados à explicitação do sentido da existência humana individual, com sensibilidade pessoal e social.

Vale ressaltar que identidade que é *profissional,* ou seja, a docência, constitui um campo específico de intervenção profissional na prática social. E, como tal, ele deve ser valorizado em seus salários e demais condições de exercício nas escolas.

O desenvolvimento profissional dos professores tem se constituído em objetivo de propostas educacionais que valorizam a sua formação não mais fundamentada na racionalidade técnica, que os considera como meros executores de decisões alheias, mas em uma perspectiva que reconhece sua capacidade de decidir. Ao confrontar suas ações cotidianas com as produções teóricas, impõe-se rever suas práticas e as teorias que as informam, pesquisando a prática e produzindo novos conhecimentos para a teoria e a prática de ensinar. Assim, as transformações das práticas docentes só se efetivam à medida que o professor *amplia sua consciência sobre a própria prática*, a de sala de aula e a da escola como um todo, o que pressupõe os conhecimentos teóricos e críticos sobre a realidade. Tais propostas enfatizam que os professores colaboram para transformar as escolas em termos de gestão, currículos, organização, projetos educacionais, formas de trabalho pedagógico. Reformas gestadas nas instituições, sem tomar os professores como parceiros/autores, não transformam a escola na direção da qualidade social. Em consequência, *valorizar o trabalho docente significa dotar os professores de perspectivas de análise que os ajudem a compreender os contextos históricos, sociais, culturais, organizacionais nos quais se dá sua atividade docente.*

Na sociedade brasileira contemporânea, novas exigências estão postas ao trabalho dos professores. No colapso das antigas certezas morais, cobra-se deles que cumpram funções da família e de outras instâncias sociais; que respondam à necessidade de afeto dos alunos; que resolvam os problemas da violência, das drogas e da indisciplina; que preparem melhor

APRESENTAÇÃO DA COLEÇÃO

os alunos nos conteúdos das matemáticas, das ciências e da tecnologia tendo em vista colocá-los em melhores condições para enfrentarem a competitividade; que restaurem a importância dos conhecimentos na perda de credibilidade das certezas científicas; que sejam os regeneradores das culturas/identidades perdidas com as desigualdades/diferenças culturais; que gestionem as escolas com economia cada vez mais frugal; que trabalhem coletivamente em escolas com horários cada vez mais fragmentados. Em que pese a importância dessas demandas, não se pode exigir que os professores individualmente considerados façam frente a elas. Espera-se, sim, que coletivamente apontem caminhos institucionais ao seu enfrentamento.

É nesse contexto complexo, contraditório, carregado de conflitos de valor e de interpretações, que se faz necessário ressignificar a identidade do professor. O ensino, atividade característica do professor, é uma prática social complexa, carregada de conflitos de valor e que exige opções éticas e políticas. Ser professor requer saberes e conhecimentos científicos, pedagógicos, educacionais, sensibilidade da experiência, indagação teórica e criatividade para fazer frente às situações únicas, ambíguas, incertas, conflitivas e, por vezes, violentas, das situações de ensino, nos contextos escolares e não escolares. É da natureza da atividade docente proceder à mediação reflexiva e crítica entre as transformações sociais concretas e a formação humana dos alunos, questionando os modos de pensar, sentir, agir e de produzir e distribuir conhecimentos na sociedade.

Problematizando e analisando as situações da prática social de ensinar, o professor incorpora o conhecimento elaborado, das ciências, das artes, da filosofia, da pedagogia e das ciências da educação, como ferramentas para a compreensão e proposição do real.

A Coleção investe, pois, na perspectiva que valoriza a capacidade de decidir dos professores. Assim, discutir os temas que perpassam seu cotidiano nas escolas – projeto pedagógico, autonomia, identidade e profissionalidade dos professores, violência, cultura, religiosidade, a importância do conhecimento e da informação na sociedade contemporânea, a ação coletiva e interdisciplinar, as questões de gênero, o papel do sindicato na formação, entre outros –, articulados aos contextos institucionais, às políticas públicas e confrontados com experiências de outros contextos escolares e com as teorias, é o caminho a que a Coleção **Docência em Formação** se propõe.

Os livros que a compõem apresentam um tratamento teórico-metodológico pautado em três premissas: há uma estreita vinculação entre os conteúdos científicos e os pedagógicos; o conhecimento se produz de forma construtiva e existe uma íntima articulação entre teoria e prática.

Assim, de um lado, impõe-se considerar que a atividade profissional de todo professor possui uma natureza pedagógica, isto é, vincula-se a objetivos educativos de formação humana e a processos metodológicos e organizacionais de transmissão e apropriação de saberes e modos de ação. O trabalho docente está impregnado de intencionalidade, pois visa a formação humana por meio de conteúdos e habilidades de pensamento e ação, implicando escolhas, valores, compromissos éticos. O que significa introduzir objetivos explícitos de natureza conceitual, procedimental e valorativa em relação aos conteúdos da matéria que se ensina; transformar o saber científico ou tecnológico em conteúdos formativos; selecionar e organizar conteúdos de acordo com critérios lógicos e psicológicos em função das características dos alunos e das finalidades do ensino; utilizar métodos e procedimentos de ensino específicos inserindo-se em uma estrutura organizacional em que participa das decisões e das ações coletivas. Por isso, para ensinar, o professor necessita de conhecimentos e práticas que ultrapassem o campo de sua especialidade.

De outro ponto de vista, é preciso levar em conta que todo conteúdo de saber é resultado de um processo de construção de conhecimento. Por isso, dominar conhecimentos não se refere apenas à apropriação de dados objetivos pré-elaborados, produtos prontos do saber acumulado. Mais do que dominar os produtos, interessa que os alunos compreendam que estes são resultantes de um processo de investigação humana. Assim, trabalhar o conhecimento no processo formativo dos alunos significa proceder à mediação entre os significados do saber no mundo atual e aqueles dos contextos nos quais foram produzidos. Significa explicitar os nexos entre a atividade de pesquisa e seus resultados, portanto, instrumentalizar os alunos no próprio processo de pesquisar.

Na formação de professores, os currículos devem configurar a pesquisa como *princípio cognitivo*, investigando com os alunos a realidade escolar, desenvolvendo neles essa atitude investigativa em suas atividades profissionais e assim configurando a pesquisa também como *princípio formativo* na docência.

Além disso, é no âmbito do processo educativo que mais íntima se afirma a relação entre a teoria e a prática. Em sua essência, a educação é uma prática, mas uma prática intrinsecamente intencionalizada pela teoria. Decorre dessa condição a atribuição de um lugar central ao estágio, no processo da formação do professor. Entendendo que o estágio é constituinte de todas as disciplinas percorrendo o processo formativo desde seu início, os livros da Coleção sugerem várias modalidades de articulação direta com as escolas e demais instâncias nas quais os professores atuarão, apresentando formas de estudo, análise e problematização dos saberes nelas praticados. O estágio também pode ser realizado como espaço de projetos interdisciplinares, ampliando a compreensão e o conhecimento da realidade profissional de ensinar. As experiências docentes dos alunos que já atuam no magistério, como também daqueles que participam da formação continuada, devem ser valorizadas como referências importantes para serem discutidas e refletidas nas aulas.

Considerando que a relação entre as instituições formadoras e as escolas pode se constituir em espaço de formação contínua para os professores das escolas assim como para os formadores, os livros sugerem a realização de projetos conjuntos entre ambas. Essa relação com o campo profissional poderá propiciar ao aluno em formação oportunidade para rever e aprimorar sua escolha pelo magistério.

Para subsidiar a formação inicial e continuada dos professores onde quer que se realizem: nos cursos de licenciatura, de pedagogia e de pós-graduação, em universidades, faculdades isoladas, centros universitários e Ensino Médio, a Coleção está estruturada nas seguintes séries:

Educação Infantil: profissionais de creche e pré--escola.

Ensino Fundamental: professores do 1° ao 5° ano e do 6° ao 9° ano.

Ensino Médio: professores do Ensino Médio.

Ensino Superior: professores do Ensino Superior.

Educação Profissional: professores do Ensino Médio e Superior Profissional.

Educação de Jovens e Adultos: professores de jovens e adultos em cursos especiais.

Saberes pedagógicos e formação de professores.

Em síntese, a elaboração dos livros da Coleção pauta-se nas seguintes perspectivas: investir no conceito de *desenvolvimento profissional*, superando a visão dicotômica de formação inicial e de formação continuada; investir em sólida formação teórica nos campos que constituem os saberes da docência; considerar a formação voltada para a profissionalidade docente e para a construção da identidade de professor; tomar a pesquisa como componente essencial da/na formação; considerar a prática social concreta da educação como objeto de reflexão/formação ao longo do processo formativo; assumir a visão de totalidade do processo escolar/educacional em sua inserção no contexto sociocultural; valorizar a docência como atividade intelectual, crítica e reflexiva; considerar a ética como fator fundamental na formação e na atuação docente.

São Paulo, 21 de fevereiro de 2012
Selma Garrido Pimenta
Coordenadora

APRESENTAÇÃO DA SÉRIE E DO LIVRO

Com este livro inauguramos a Série **Educação de Jovens e Adultos,** da Coleção **Docência em Formação.** Como as demais, esta série tem por objetivo subsidiar a reflexão e a prática de vários sujeitos envolvidos na Educação de Jovens e Adultos (EJA): os professores em formação inicial e continuada, os formadores de professores, os docentes que já atuam na EJA, os profissionais da educação que exercem função de coordenação pedagógica nos sistemas de ensino, os pesquisadores da área, bem como aqueles que militam na causa da educação de adultos e na educação popular.

Paulo Freire assinala que "a Educação de Adultos é melhor percebida quando a situamos no âmbito da Educação Popular" (Freire, 2007, p. 15), exigindo das políticas públicas, das instituições e dos educadores uma compreensão maior do que ocorre no cotidiano desses homens e mulheres que frequentam espaços educacionais formais ou não formais. Conteúdos e atividades educativas devem ser pensados numa articulação com a cultura e o meio nos quais os alunos e alunas da EJA estão inseridos, levando-os à reflexão consciente sobre o processo de conhecimento e as experiências vividas pelas camadas populares. Brandão (1984, p. 26), relatando como a educação foi se constituindo em meio a outras práticas sociais, na história do homem, diz que "um saber da comunidade torna-se o saber das frações (classes, grupos, povos, tribos) subalternas da sociedade desigual" e que, por meio das práticas sociais, o saber das classes populares é socializado, tornando-se assim uma educação popular. Nessa perspectiva, na diversidade desses grupos no Brasil, tomando como base seus sonhos e necessidades, é que se deve pensar a educação para jovens e adultos.

As mudanças ocorridas na sociedade do século XX, em especial, em sua segunda metade, repercutiram de maneira profunda na instituição escolar (Libâneo; Toschi; Oliveira, 2012, p. 61 ss.), nos processos educativos. Foram surgindo, nas políticas públicas, ações orientadas para aqueles que, em razão da nossa tradição excludente, vivenciaram, ao longo dos séculos, dificuldades – quando não interdições – de acesso aos bens culturais e sociais, dentre eles a escola. Se, por um lado, a classe trabalhadora, mesmo longe da escola formal, tentou se adaptar às exigências do processo produtivo nos vários momentos da industrialização e das mudanças ocorridas no mundo do trabalho, por outro lado "a própria classe trabalhadora nunca abdicou da luta pela ampliação das possibilidades de acesso à educação" (Rummert, 2006, p. 126). Nesse particular, embora hoje a EJA esteja conformada ao aparato legal do direito à educação, foi a luta desses trabalhadores, desde há muito, que permitiu o acesso a esse bem cultural, tão negado, ao longo da nossa história, aos trabalhadores pobres das nossas comunidades, de norte a sul do Brasil.

É desse processo de exclusão dos bens culturais, dentre eles a educação, que tratamos na primeira parte deste livro, a fim de subsidiar o professor da EJA e demais leitores a compreender a necessidade dessa modalidade de educação em nosso país. Muito mais que Educação de Adultos, como é conhecida no mundo inteiro, em nosso país, por suas peculiaridades, denominamo-la EJA. Sem a sua instituição, uma significativa parcela de jovens pobres estaria expulsa da escola.

Além da reflexão da EJA como Educação Popular, e atualmente como modalidade da Educação Básica, esta série destacará a necessária compreensão das especificidades dos sujeitos que atuam nesse espaço de aprendizagem, discentes e docentes, das práticas pedagógicas e dos tempos e espaços destinados aos processos de ensino e aprendizagem e das políticas para o setor.

> Para um debate mais específico a respeito da Educação Popular, veja nessa mesma série da Coleção Docência em Formação o livro de Danilo Streck e colaboradores *Educação Popular e Docência*.

A qualquer um desses leitores aos quais se destina esta série e este livro, fica o desafio de compreender a Educação de Jovens e Adultos (EJA) na perspectiva da educação como direito fundamental da pessoa humana, o qual vem sendo reafirmado pelo Brasil em seu processo de construção democrática. Fica também o desafio da constante luta pela vigilância da garantia desse direito a homens e mulheres, jovens e adultos, em nossa democracia em construção.

Este livro abre a Série **Educação de Jovens e Adultos**, dentro da Coleção **Docência em Formação**. O trabalho de equipe e o estimulante convívio com os demais coordenadores da coleção nos permitiram a ambiência afetiva e acadêmica para construir e sistematizar a reflexão que apresentamos neste livro. Fruto das nossas pesquisas e experiências com a Educação de Jovens e Adultos nos últimos anos, ele tem por finalidade subsidiar os debates acerca dessa modalidade de ensino, contribuindo para as discussões em sala de aula dos cursos de licenciatura, nos cursos de formação continuada de professores, nos Fóruns de EJA e em todo e qualquer lugar onde encontremos uma comunidade disposta a pensar a EJA em toda sua complexidade e desafios.

Queremos socializar com a comunidade acadêmica e com os professores que atuam com jovens e adultos este livro, que se soma aos demais, na busca de uma educação com qualidade e do direito à educação para todos, crianças, jovens, adultos e idosos. Este livro é resultado do esforço coletivo no desenvolvimento de estudos e investigações em torno da temática da EJA no Grupo de Pesquisa Foprofi – Formação e Profissão Docente – da Universidade Federal de Ouro Preto (Ufop), em Minas Gerais. Esta série pretende publicar outros textos sobre as temáticas relacionadas com a discussão da formação específica do professor para EJA; sobre políticas públicas de educação para essa modalidade; sobre didáticas, práticas e saberes para a EJA; sobre currículo, textos e materiais para a Educação de Jovens e Adultos, dentre outros, a fim de contribuir para a formação dos profissionais da educação, leitores privilegiados deste texto e desta série.

Desejamos a todos uma boa leitura.

José Rubens Lima Jardilino
Regina Magna Bonifácio de Araújo

Prefácio

Prefácio

O convite para prefaciar este livro, feito a mim pelos autores, fez-me perguntar qual o motivo desta deferência. Por um lado, a resposta, que me foi dada por Jardilino e que me convenceu a aceitar o desafio, relaciona-se ao fato de estarmos juntos nesta longa caminhada de lutas e sonhos em defesa da Educação de Jovens e Adultos (EJA).
Por outro lado, depois que li a produção dos dois colegas, permito-me inferir outra razão. Além da parceria, fazer este prefácio traz-me a oportunidade de estabelecer com os autores e leitores um diálogo acerca de dois eixos fundantes que identifico no livro: os contextos que produziram a EJA e os seus sujeitos.

Entendendo o prefácio como 'ação de falar ao princípio de', tomando o termo proveniente do latim *prae-fatio*, dedico-me a seguir – nesta tarefa de intermediação entre os sujeitos autores, a obra em si e os leitores – a apontar considerações acerca desses dois eixos, por mim identificados, permitindo-me subverter a ordem de escolha de exposição dos autores, por desejar tratar em primeira mão dos sujeitos e, na sequência, dos contextos.

Os autores cuidam no Capítulo III deste livro em evidenciar os sujeitos da educação de jovens e adultos. Alunos e professores que atuam no que denominamos modalidade da educação básica devem ser tomados nas suas especificidades; e isto é uma questão fundamental para compreendermos em que a educação pensada para crianças e adolescentes difere da educação pensada para jovens e adultos trabalhadores. Em relação a estes sujeitos, cabe o destaque ainda à dificuldade de professores ou educadores que se tornam professores de EJA sem ter, por um lado, a preparação para atuar com a mediação dos conhecimentos destes sujeitos; nem, por outro lado, o desembaraço em considerar e compreender a dinâmica de vida e as especificidades próprias dos alunos que estão ou não estão na EJA.

Em relação aos professores, é preciso considerar os esforços em curso, sobretudo na última década, pela graduação ou pós-graduação, a fim de incidir na formação dos professores que atuam ou atuarão na EJA. O destaque aqui apresentado pelos autores à importância de reconhecimento e valorização dos saberes da docência está em consonância com o esforço, que várias universidades vêm fazendo, de inclusão deste debate nas licenciaturas, seja pela via de disciplinas específicas de EJA, seja pela sua materialização em seminários integradores e em projetos de aprofundamento nos cursos de formação inicial dos professores. Para além desta formação inicial, considerando que mais de 75% dos professores que hoje atuam na EJA já possuem graduação, o espaço da formação continuada é fundamental.

A formação continuada dos professores de EJA tem sido desafiada pela consolidação da oferta de especializações, mestrado e doutorado que contemplem as problemáticas da modalidade, mas também se coloca como necessidade no cotidiano das escolas, que deveriam inserir nas atividades de formação e planejamento periódicos das redes de ensino as discussões específicas da EJA. Portanto, é continuada, porque demanda continuidade; é processual e precisa ser considerada como um contínuo, como são contínuos os desafios a serem enfrentados na experiência de mediação da produção do conhecimento que se faz entre alunos e professores da EJA. Compreendemos que isto é capaz de dar materialidade ao conceito de professor pesquisador.

Em relação aos alunos da EJA, não diferindo dos desafios evidentes para que os professores compreendam seu papel nesta modalidade, é preciso entender que os alunos ou educandos, se preferirmos, não são um grupo homogêneo. A diversidade entre alunos e alunas da EJA é desafio para a prática pedagógica, ao passo que também é desafio para a convivência entre os sujeitos, quando tomamos, por exemplo, as reflexões deste livro sobre a questão da juvenilização da EJA. Os dados aqui apresentados pelos autores vão mostrando um esforço de atendimento aos sujeitos alunos da EJA, nas estratégias de alfabetização, Ensino Fundamental e Ensino Médio, mas revelam, também, o desafio que isto ainda representa, pois, se alcançamos melhores índices de atendimento em diferentes experiências, ainda estamos longe de atender a maioria dos jovens e adultos não escolarizados do Brasil.

Os dados sistematizados nos quadros de matrículas, neste início do século XXI, colocam-nos um grande questionamento para a modalidade: por que num momento em que a EJA ganha mais espaço no debate político e pedagógico, dentro da educação brasileira, nos deparamos com uma redução tão significativa de matrículas na modalidade, tanto em classes de alfabetização, quanto no Ensino Fundamental e Médio? Esta pergunta em parte nos acompanhará ao longo de todos os livros que, a partir deste primeiro, comporão esta Série Educação de Jovens e Adultos da Coleção Docência em Formação, porque indica uma outra questão central nesta modalidade: se são milhões os brasileiros que não têm educação básica, por que eles efetivamente não estão batendo às portas das instituições e brigando pela garantia do seu direito à escola?

Esta última pergunta me leva ao diálogo com as duas partes iniciais deste livro. Os autores falam de "contextos". Contextos reveladores do esforço que o Brasil, os educadores e os militantes que defendem o direito à educação de todos – em especial o direito à educação dos trabalhadores – fizeram ao longo da trajetória da educação brasileira. No primeiro contexto, que é histórico e político, reitera-se a nossa condição de produção de uma sociedade injusta, uma lógica de desenvolvimento econômico "desigual e combinado", que contribuiu para chegarmos ao contexto atual com um contingente de população que não teve acesso à escolarização ou que, tendo este acesso, não obteve êxito na conclusão da educação básica, abandonando este processo por diferentes motivos.

Na questão do contexto social, os autores fazem uma escolha quando apresentam aos leitores diferentes experiências de EJA – poderia até dizer, diferentes experiências de educação de adultos, de educação popular – e seguem na reflexão do contexto acadêmico na EJA. Por uma questão até do lugar de onde falo (sou hoje professora de uma universidade, mas entrei na EJA pela experiência da educação popular, em classes de alfabetização de jovens e adultos com os referenciais de Paulo Freire, na periferia do Distrito Federal), vejo a importância do esforço de síntese destas várias experiências da EJA, trazidas sob o título de "contextos".

Os contextos são múltiplos, as experiências envolvem diferentes sujeitos e diferentes instituições. Das ações de alfabetização – que majoritariamente davam visibilidade à educação de jovens e adultos, implementadas por movimentos populares, por setores públicos, por organizações não governamentais –, vamos chegar ao contexto do século XXI com inúmeras iniciativas que ampliam a visão de EJA, a partir de experiências de escolarização de nível fundamental e médio, inclusive integração à Educação Profissional.

As reflexões que o contexto acadêmico traz neste livro expressam, então, as diferentes possibilidades de pensar e fazer a EJA, não só enquanto objeto de estudos e pesquisas, mas enquanto movimento nacional e internacional. O desafio da realidade da EJA, portanto, hoje assume uma dimensão que envolve a mobilização dos sujeitos educandos para o retorno à escolarização, a formação dos profissionais que atuarão na modalidade, a criação de estratégias de mediação na produção de conhecimentos e a consolidação das múltiplas ofertas de atendimento a estes educandos, enquanto política pública de Estado.

Este livro que chega às mãos dos leitores é o início de uma "prosa" que não acaba aqui. Agradeço aos colegas autores a deferência, que me possibilitou lê-lo em primeira mão e me inquietar, mais uma vez, com os desafios que a EJA ainda aponta para nós educadores, pesquisadores e militantes neste campo. Espero que as reflexões advindas desta leitura possam ser motivo de mobilização de outras mentes e corações, para nos ajudarem nesta luta histórica em defesa da educação como direito de todos. Uma boa leitura a todos e todas.

Maria Margarida Machado
Goiânia, outubro de 2014

Introdução

Introdução

Escrever este livro ao longo do ano de 2014 tem um sentido muito especial: no ano anterior, celebramos os 50 anos da experiência de alfabetização de adultos realizada por Paulo Freire na cidade de Angicos, RN; neste ano, nossos olhares voltam-se para o cinquentenário da criação do Programa Nacional de Alfabetização (PNA).
São datas que precisam ser trazidas à memória, pois marcam o início de uma luta que ainda hoje precisa ser travada em todo o território nacional para garantir a educação como direito de todos. Ainda convivemos com altas taxas de analfabetismo num país que avança significativamente em outras áreas.
O que representou a experiência de Angicos para a Educação de Jovens e Adultos (EJA)? O que herdamos desse importante movimento? Que desafios foram vencidos e que caminhos ainda faltam trilhar?

No relato que faz da experiência de Angicos, Carlos Lyra comenta os percalços e atrasos do início do projeto em virtude da chegada do material escolar. Conta-nos que os alunos caminhavam de lugares longínquos, vinham de 12 a 18 km de distância e, quando souberam que não haveria a primeira aula, demonstraram certa frustração. Mas há uns diálogos que são fortes, como nos diz Lyra (1996, p. 22-3):

Acerca de Paulo Freire, temos uma miríade de publicações sobre sua biografia e bibliografia. A obra de referência, intitulada *Paulo Freire – uma biobibliografia* (São Paulo: Cortez/IPF, 1996), foi organizada pelo Instituto Paulo Freire, com autoria de Moacir Gadotti et al. Para uma leitura sobre a singularidade e universalidade da obra do autor, cf. *Paulo Freire: retalhos biobibliográficos* (2ª ed. São Paulo: Xamã/Edições Pulsar, 2003. v. 1.), de José Rubens Lima Jardilino.

Em 1963, na cidade de Angicos, Rio Grande do Norte, um grupo de 300 adultos foi alfabetizado em 40 horas/aula com um método idealizado por Paulo Freire. Para saber mais sobre essa experiência, acesse o documento *Paulo Freire: 50 anos de Angicos*, disp. em: <http://www.tvbrasil.org.br/fotos/salto/series/175732EE_PauloFreire.pdf>.

um aluno de Marlene, o sr. Manoel Dez Mil Réis, magro, a pele desgastada pelo tempo, roupas velhas, mas limpas, apoiado em bastão de jurema para amenizar a caminhada, sereno e descalço, quando soube que não ia haver aula naquela noite, disse:

— É isso mesmo, dona. Eu seio que vem. Ólhi eu venho cem vez, mas só disistu quando chegá a nutiça di que a máquina num vem.

— E para que o senhor quer aprender a ler? — perguntou-lhe Marlene. Ao que ele respondeu:

— Pra seguir nas leis que púder ser.

Dona Hermínia, a participante mais idosa, com 72 anos, também deu sua opinião:

— Dona, esse pessoal aqui tem o sentido salteado. Eu não. Quero é aprender a ler! (sic).

Muitas lições tiramos dessa primeira experiência que funda, sociologicamente, a educação de adultos no Brasil, conforme uma perspectiva libertadora e constitutiva do sujeito. Angicos traz à memória muitos desafios para a EJA. Muitas mudanças sociais, econômicas e políticas ocorreram na sociedade brasileira entre Angicos e o hoje; outras tantas na educação de adultos. Poderíamos dizer que Angicos supera Angicos, se olharmos na linha da humanização dos homens e mulheres desumanizados pelos processos políticos de hoje, como o foram no passado, nas políticas que geraram as desigualdades ao longo dos séculos na história do Brasil.

Olhar para essa experiência não pode significar a instituição de um mito fundante da educação de adultos, mas a reflexão à luz dos tempos que vivemos, surfando nas ondas de uma época orientada pelo efêmero, passageiro e sem sentido, assinalada pelo mercado, na qual a educação aparece como pré-condição para o desenvolvimento social, político e econômico. As memórias de lá encarnam-se nas urgências de cá. Angicos foi a voz dos nordestinos clamando por justiça social, por solidariedade, por democracia. Apesar de todo o desenvolvimento econômico e social, o Brasil se "nordestinou". Assim, por mais paradoxal que pareça, Angicos supera Angicos.

Como indica o blog *50 anos – Angicos e programa nacional de alfabetização: 50 anos da revolução freiriana na educação*, "Angicos foi um projeto de cultura popular que imaginou e concebeu um projeto nacional de educação para uma sociedade democrática com justiça social. Angicos foi, também, um projeto de cultura popular, isto é, um projeto de respeito às tradições, à cultura e aos saberes do povo" (IPF, 2013).

Na alusão a essa experiência, trazemos neste texto uma reflexão histórico-social e educacional da construção e da consolidação da Educação de Jovens e Adultos no Brasil. Em razão da força dessa história, iniciada com Angicos, a Educação de Jovens e Adultos não pode ser reduzida a uma alternativa aos empobrecidos daquela e desta sociedade, mas deve ser um espaço político mobilizador de ressignificação da nossa democracia; espaço de luta para desmobilizar o projeto e o discurso neoliberais vitoriosos até na educação, a fim de assegurar aos homens e mulheres acesso aos bens sociais que historicamente lhes vêm sendo negados.

Tomemos Angicos como metáfora de um discurso radical que transforme a educação e a torne verdadeiramente pública, que envolva homens e mulheres trabalhadores da educação numa ação que reconstrua as bases da gestão educacional no Brasil e, quiçá, no mundo, subjugado aos ditames desse modelo econômico e de sociedade.

Foi com esse ânimo que escrevemos o presente texto.

No primeiro capítulo, expomos o contexto social e político da EJA no cenário brasileiro. Nesse resgate histórico, apresentamos a EJA nos movimentos sociais, tomando como base importantes manifestações como o Movimento de Cultura Popular, o Mobral, a AlfaSol e o Mova.

O contexto acadêmico da EJA é apresentado no segundo capítulo, localizando inicialmente os encontros nacionais e internacionais que hoje representam uma força política no cenário brasileiro. Destaque é dado aos Fóruns de EJA, em sua organização e representatividade. Na sequência, o texto traz reflexões sobre o lugar da EJA nas universidades, nas pesquisas e na Associação Nacional de Pós-Graduação e Pesquisa em Educação (Anped), com a constituição do grupo de trabalho GT18. Também nessa unidade traremos à discussão a EJA no sistema educacional e na legislação.

No último capítulo, depois de referenciarmos os contextos histórico, social e político da Educação de Jovens e Adultos, apresentamos uma reflexão sobre os sujeitos e atores da EJA, quais sejam os professores e alunos. Aos primeiros destinamos uma reflexão sobre os processos formativos no âmbito da formação inicial e continuada de professores no Brasil. Sobre os segundos, apresentamos uma breve caracterização indentitária dos atores dessa modalidade de ensino, assim como os desafios que nos colocam em meio à diversidade que carregam na condição de estudantes, nos processos de ensino e aprendizagem no âmbito das unidades escolares e da educação formal.

Capítulo I

O contexto social e político da EJA no cenário brasileiro

O contexto social
e político da EJA
no cenário brasileiro

1. Cenas do contexto histórico e político

Neste capítulo, abordamos o cenário histórico-político do Brasil como um pano de fundo para ambientar as questões sobre a educação de adultos, mais especificamente sobre a Educação de Jovens e Adultos (EJA), como a denominamos no Brasil. Assim procedemos para compreender esta modalidade de ensino no Brasil, seus desdobramentos no final do século XX e os dilemas e desafios que tem lançado à política educacional.

Inspira-nos Paulo Freire, que – nos umbrais de sua experiência com a educação de adultos –, buscando compreendê-la de maneira ampla, fez o mesmo exercício que ora fazemos por meio de um trabalho acadêmico: em 1959, produzia, para concurso público com vistas ao cargo de professor universitário no Recife, uma tese, a que denominou *Educação e atualidade brasileira*.

Numa perspectiva histórica, pode-se falar de três movimentos na história social do País, que os estudiosos nomeiam como: Independência ou Morte; Ordem e Progresso; e Nacional-Desenvolvimentismo.

A republicação da primeira obra de Paulo Freire realizou-se graças aos esforços do Instituto Paulo Freire e da Cortez Editora. A obra apresenta uma contextualização do período feita por José Eustáquio Romão, atendendo a um dos requisitos que Freire alegava como necessários à publicação. Outrossim, para a mesma temática, recomenda-se a obra de Celso Rui Beisiegel, *Política e Educação Popular: a teoria e a prática de Paulo Freire no Brasil.*

Esses movimentos possibilitam explicar, como em quadros temporais, os contornos da formação histórica do Brasil e, consequentemente, da sua formação política, social e econômica. É claro que, nessa aparente linearidade, a ideia de movimento e de dialética está implícita, por isso preferimos cenários e movimentos, uma vez que já superamos a concepção de uma história factual e linear. Com base nesse enquadre, pode-se falar em uma história de desigualdade, que foi deixando à margem dos processos culturais, econômicos e sociais uma considerável franja da sociedade brasileira, parte significativa que, hoje, são os sujeitos da EJA.

Os três movimentos, interpretados por várias "dinastias" acadêmicas das ciências sociais nacionais, indicam que esse quadro não esteve estático, como muitas vezes o ensino da história do Brasil pretendeu impor nos livros didáticos. Houve alternantes movimentos que, embora não tenham mudado o formato da moldura, provocaram rachaduras que possibilitaram mudanças. Como diz Ianni (2004, p. 85), "esses são os três processos de envergadura histórica que explicam os contornos da formação histórica do Brasil". Sempre acompanhados, todavia, por uma marca – o desenvolvimento desigual –, foram dialeticamente contestados. Na colônia, ressaltaram-se os movimentos de revolta individuais e nativistas, indígenas e escravos (formação de quilombos, lutas contra invasões, inconfidências etc.). No Império, eclodiram os movimentos republicanos e destruiu-se o sistema escravocrata. Nas várias repúblicas, em especial no século XX, encaramos uma miríade de movimentos sociais que

> Fazemos referência aqui aos intérpretes clássicos do Brasil, em especial no século XX. Dentre eles se destacam Oliveira Viana, Gilberto Freyre, Sérgio Buarque de Holanda, Caio Prado Júnior, Roberto Simonsen e Astrogildo Pereira, acompanhados nas décadas seguintes (1940 a 1960) por José Honório Rodrigues, Celso Furtado, Raymundo Faoro, Antônio Cândido, Florestan Fernandes, Hélio Jaguaribe, Werneck Sodré e muitos outros.

buscaram superar a histórica herança do desenvolvimento desigual que acompanha a modernidade brasileira e se faz presente em nossa contemporaneidade já quase pós-moderna.

O professor Octavio Ianni faz uma bela síntese dessa formação histórico-social do Brasil, mostrando-nos que, em todos os movimentos empregados na sociedade brasileira e em seu desenvolvimento, a desigualdade subjaz. Na "ultramodernidade" da qual somos fruto, porém, esta assimetria está diluída na perspectiva do multiétnico, do multirracial e da insurgência do novo "sujeito" sem relação com a estrutura de classe social, à deriva numa sociedade líquida.

> O Brasil moderno parece um caleidoscópio de muitas épocas, formas de vida e trabalho, modos de ser e pensar. Mas é possível perceber as heranças do escravismo predominando sobre todas as heranças. As comunidades indígena, afro-brasileira e camponesa (esta de base cabocla e imigrante) também estão muito presentes no interior da formação social brasileira no século 20. As culturas gaúcha, caipira, mineira, baiana, amazônica e outras parecem relembrar "ciclos" de açúcar, ouro, tabaco, gado, borracha, café e outros. Subsistem e impregnam o modo de ser urbano, burguês, moderno da cultura brasileira dominante e oficial (Ianni, 2004, p. 85).

A questão social a que estamos nos referindo não está restrita ao Brasil. Quando analisamos outros contextos latino-americanos nos damos conta de que houve uma lógica da exclusão nessas sociedades que foram dominadas pela Europa Ibérica. A formação social da América Latina, hispânica ou portuguesa, foi-se constituindo pela desigualdade em todo o seu percurso histórico. Como assinala Luiz Eduardo Wanderley, "a questão social hoje na América Latina exige uma revisitação crítica da ação dos sujeitos e dos processos histórico-estruturais que instituíram as sociedades de nosso continente". O autor acrescenta que devemos olhar a situação atual com uma lente de retrovisor, pois "a situação atual com todas as mudanças [...] guarda traços indeléveis dessa longa história que a condiciona: lutas pela independência, modos de produção, [...] tipos de Estado, políticas sociais etc." (Wanderley, 1997, p. 49).

Detemo-nos no século XX e nas cenas do movimento nacional-desenvolvimentista para enquadrar o contexto político no cenário nacional, sobretudo para entender o fosso das questões geradoras de desigualdades, que, de maneira aguda, respingam no processo de formação do homem, portanto, na Educação. O século XX é síntese desse processo no Brasil. O período está plasmado por uma ideia fixa: recriar o País à altura daquele século e torná-lo moderno, para que pudesse dialogar com o mundo. Em suma, há uma questão nacional implícita, ou melhor, posta na tarefa de preparar a *proto-nação* para a urbanização, a industrialização, a modernização, enfim, "recivilizar" o Brasil para o contexto/mundo.

Pode-se dizer que essa tarefa de *recivilização*, de modernidade/modernização, acompanha a trajetória do pensamento político e social brasileiro nos movimentos da história apontados acima, sempre na tentativa de compreender os desafios do País como nação. Isso está presente na declaração da independência, na erradicação do escravismo e nos ideais republicanos. A ideia do Nacional é, para este país, quase uma obsessão.

Nessa síntese histórico-política, partimos dos anos de 1930. O declínio das oligarquias predominantes no período anterior, até mesmo em parte da Primeira República, sustenta-se até o fim da Primeira Guerra Mundial (1914-1918). Até os anos 1920, os surtos eufóricos de prosperidade, às vezes aparentes, na economia e na política, mais a aceleração da urbanização, tudo fazia crer que os ideais republicanos se instalavam com ares de construção da nação brasileira. Como nos informa Sodré (1973), a população cresce, no período de 1900 a 1930, de 14 para 30 milhões de habitantes. As exportações dos principais produtos nacionais (borracha e café) estavam em ascensão. No cenário interno, a cultura do café ampliava sua rede econômica, gerando modificações profundas. "O café ampliaria o mercado interno, promoveria o desenvolvimento ferroviário, alicerçaria a rede bancária e forneceria as bases para o crescimento industrial" (Sodré, 1973, p. 211). A mão de obra abundante e as combinações do sistema, contudo, aviltam muito mais o trabalho das massas urbanas e rurais, tolhendo o desenvolvimento social, pois, de acordo com o sistema do capital, os lucros do crescimento da produção ficam detidos nas mãos das mesmas oligarquias. Não há desenvolvimento social.

A política de concentração e a chegada de uma nova classe em formação – a classe operária – geram desequilíbrios, fazendo aparecer os primeiros conflitos entre capital e trabalho na república prodigiosa. Há um novo movimento de reclamo por mudanças. Em 1917, surgem as primeiras greves de trabalhadores em resistência à política de alta concentração de renda. São movimentos motivados por novos sujeitos que surgem no cenário social brasileiro, os operários imigrantes, embalados pelos movimentos de organização dos trabalhadores anarquistas da Europa.

O que até aqui podemos perceber é a formação de uma nova classe social excluída das benesses do desenvolvimento econômico que a república trazia. Se as oligarquias agrárias estão em crise, elas reaparecerão na cena política repaginadas nas oligarquias políticas da fase industrial. Assim, começamos os anos trinta com um considerável aumento populacional. Uma significativa parcela dessa população, entretanto, é posta à margem do desenvolvimento. Isso nos leva a reafirmar a conclusão de muitos outros analistas de que desenvolvimento econômico não significa naturalmente desenvolvimento social. Se, por um lado, houve, na formação social do Brasil, em seus vários movimentos, uma obsessão pela ideia do Nacional na construção da nação, por outro, pode-se inferir que há também uma obsessão pela desigualdade social ou, pelo menos, pouco investimento político para superá-la.

> *A sociedade brasileira, na Primeira República, tem sido definida, simplesmente, como um organismo social em que predominam os interesses do setor agrário-exportador, voltado para a produção do café, representado pela burguesia paulista e parte da burguesia mineira. [...]*

> *Reflexo e ao mesmo tempo parte constitutiva de um conjunto de transformações que ocorrem na sociedade brasileira. [...] as modificações que se verificam no período são o resultado de um processo cumulativo que se configura ao longo de trinta anos e desemboca em condições peculiares – nacionais e internacionais – no movimento revolucionário (Fausto, 1980, p. 227).*

O período que se conhece como a Era Vargas é de análise difícil pelas contradições que carrega, política e socialmente falando. Se, por um lado, a Revolução de 1930, que lança Vargas no poder, foi resultado de insurgências de setores das classes médias, presentes na luta por transformações, por outro lado é também fruto de fissura das oligarquias. Esse quadro possibilita a composição de diversos ideais, que, em síntese, caracteriza-se por dois polos: um, de natureza tradicional, é oriundo das forças políticas em exercício; outro advém de anseios por reformas mais profundas. Nesse jogo de forças políticas, porém, estavam ausentes as classes operárias.

A intensa movimentação e a pressão de vários setores e classes emergentes da República, decorrentes da urbanização, do início da frágil industrialização, o surgimento de capas médias do setor terciário que dinamizava a sociedade das duas últimas décadas do século XIX (empregados, funcionários, operários e intelectuais), além naturalmente de grupos do setor rural (como sitiantes, colonos e camponeses), insatisfeitos com a política estatal, imprimiam um clima de mudança e pressionavam para que elas ocorressem. Foi nesse contexto que surgiu a frase bombástica oriunda do poder: "Façamos a revolução, antes que o povo a faça". Nesse sentido, é corrente a interpretação de que a Revolução de 1930 foi na verdade uma contrarrevolução.

Como é possível perceber, nessa síntese, feita a partir dos clássicos da Sociologia e da História, sobre os cenários político, econômico e social, a educação oferecida aos amplos segmentos desfavorecidos do País tem sido resultado de confrontos ideológicos. Conforme Ianni (2004, p. 103):

> A história da sociedade brasileira está permeada de situações nas quais um ou mais aspectos importantes da questão social estão presentes. Durante um século da república, compreendendo a oligarquia, a populista, a militar e a nova, essa questão se apresenta como um elo básico da problemática nacional, dos impasses dos regimes políticos ou dilemas de governantes. Reflete disparidades econômicas, políticas e culturais, envolvendo classes sociais, grupos radicais e formações regionais. [...] Desde o declínio do regime de trabalho escravo, ela passou a ser um ingrediente cotidiano em diferentes lugares da sociedade nacional.

A intenção de realizar essa síntese, colocando o contexto histórico e político numa moldura, vai ao encontro da compreensão que nós – professores, alunos, pesquisadores (sujeitos da EJA) – devemos ter de que, na questão educacional, a Educação de Jovens e Adultos é relevante e urgente. Trata-se de uma educação destinada aos setores alijados dos bens sociais. Compreendê-la é tarefa de todos que lutam politicamente por sua melhoria

CAPÍTULO I – O CONTEXTO SOCIAL E POLÍTICO DA EJA NO CENÁRIO BRASILEIRO

e pela constituição de um corpo docente preparado para atender às suas especificidades. A EJA como um direito à educação e a formação de professores para essa modalidade de ensino constituem lutas políticas no âmbito da educação escolar.

2. Cenas do contexto social

No sentido de localizar o leitor na discussão sobre a Educação de Jovens e Adultos, é imprescindível fazer um pequeno traçado do cenário brasileiro com relação aos movimentos sociais, as organizações não governamentais (ONGs) e as ações das comunidades religiosas.

Nosso principal objetivo nessas páginas é produzir uma visão geral sobre os movimentos e campanhas de alfabetização de adultos, após a década de 1940, e a sua influência na formulação de políticas públicas para o atendimento de jovens e adultos analfabetos.

2.1. A EJA e os movimentos sociais

As políticas educacionais para alfabetização e educação de jovens e adultos precisam ser compreendidas num cenário mais amplo, em que são consideradas as transformações econômicas, políticas e sociais nacionais e internacionais. No cenário mundial, marcam a história das nações a Segunda Guerra Mundial (1939-1945), a marcha chinesa de 1948, a Guerra Fria, a descolonização de África e Ásia, a Revolução Cubana (1959), o Concílio Vaticano

II (1962-65) e o consequente desequilíbrio da hegemonia capitalista. No Brasil, as mobilizações sociais ganham força com João Goulart, presidente da República (1961-64), por suas decisões políticas que impulsionavam reformas na sociedade brasileira.

Antes apenas denominada como educação de adultos, a história dessa modalidade de ensino tem início na década de 1930, com a implantação do sistema público de educação elementar no País e o esforço do governo federal de inserir os jovens e adultos não escolarizados nesse sistema. Somente na década de 1940, as especificidades no atendimento de jovens e adultos foram consideradas, com o lançamento da Campanha de Educação de Adolescentes e Adultos (1947).

Discutia-se, já nessa época, o atendimento diferenciado dessa demanda, levando em conta a identidade dos jovens e adultos, a necessidade de classes de alfabetização e a redução espaço-temporal do período do curso (Quaresma, 2008). Essa campanha, entretanto, foi extinta antes do final da década, sob várias críticas quanto à sua gestão administrativa e financeira, bem como às suas orientações pedagógicas.

A década de 1950 foi marcada por processos de discussão sobre o analfabetismo e a situação de discriminação vivenciada por homens e mulheres, do campo e dos grandes centros urbanos. Existem poucos registros de ações nesse período, à exceção do Sistema de Rádio Educativo da Paraíba – Sirepa. Criado em 1958, como reforço para a Campanha de Alfabetização, a exemplo de outros serviços de radioeducação, mais tarde foi incorporado pelo

Para saber mais sobre a história do Sirepa, sugerimos o livro de Afonso Celso Scocuglia, *A educação de jovens e adultos: histórias e memórias da década de 60*, editado pela Autores Associados.

Movimento de Educação de Base – MEB. Assumido pela Secretaria Estadual de Educação da Paraíba, esse sistema permaneceu no ar por dez anos e alcançou cidades do Norte e Nordeste, além de algumas localidades de Minas Gerais e Mato Grosso (Scocuglia, 2003).

Os movimentos sociais inspirados no pensamento pedagógico de Paulo Freire e iniciados nos anos de 1960 no Brasil tiveram em suas muitas iniciativas a educação popular e a luta pelo direito à educação como bandeiras. Liderados por intelectuais, artistas e estudantes universitários, esses movimentos buscavam o apoio do governo federal na busca de alfabetização para todos, mas desejando igualmente uma mudança na estrutura econômica e social do País. É preciso compreender essas ações na perspectiva dada pelas palavras de Gohn, ao esclarecer que:

> *Movimentos sociais são ações sociopolíticas construídas por atores sociais coletivos pertencentes a diferentes classes sociais, articuladas em certos cenários da conjuntura socioeconômica e política de um país, criando um campo político de força na sociedade civil. [...] As ações desenvolvem um processo social e político-cultural que cria uma identidade coletiva para o movimento, a partir dos interesses em comum. Esta identidade é amalgamada pela força do princípio da solidariedade [...] Os movimentos participam, portanto, da mudança social histórica de um país, e o caráter das transformações geradas poderá ser tanto progressista como conservador ou reacionário, dependendo das forças sociopolíticas a que estão*

CAPÍTULO I – O CONTEXTO SOCIAL E POLÍTICO DA EJA NO CENÁRIO BRASILEIRO

articulados, em suas densas redes; e dos projetos políticos que se constroem em suas ações (Gohn, 1997, p. 251-2).

Os esforços empreendidos para a organização e articulação desses movimentos, importantes no momento político-social vivenciado pelo País, embora reconhecidos e apoiados pela comunidade em geral, sofreram restrições e perseguições, até que a voz daqueles que empreendiam a luta por melhores condições de vida e por uma cidadania plena se calasse. Esses movimentos sociais, que também podem ser descritos como espaços de luta contra a ditadura militar, foram influenciados e sustentados por ações sindicais e políticas, na reivindicação de melhores salários e condições de trabalho, de moradia, saúde e educação para todos.

Destacaremos algumas dessas iniciativas para evidenciar o cenário das lutas em prol da educação de adultos no início dos anos de 1960. Começaremos pelo Movimento de Educação de Base (MEB), criado em 1961 pela Igreja Católica, sob a influência do pensamento social cristão. Sua meta era coordenar as inúmeras ações que existiam pelo País, desenvolvidas pela Igreja Católica, para atender à Educação de Base. A Conferência Nacional dos Bispos do Brasil (CNBB), à frente desse movimento, fez chegar o programa de Educação de Base às regiões Norte, Nordeste e Centro-Oeste, utilizando os programas transmitidos pelo rádio, tão comuns na época. Mesmo com o golpe militar de 1964, quando suas ações foram investigadas, o MEB sobreviveu com o apoio da Igreja Católica, e sua proposta se aliou à ideologia do governo. Posteriormente, o Movimento associou-se ao Ministério de Educação e Cultura e, na constituição do Mobral, aparece como um organismo auxiliar (Oliveira, 1989).

Já o Centro Popular de Cultura (CPC) surgiu no interior da União Nacional dos Estudantes (UNE), no Rio de Janeiro, em 1962. No começo, com ações apenas nas áreas de teatro, cinema, música popular, literatura e artes plásticas, sua expansão ocorreu graças às unidades móveis, também chamadas de UNE Volantes. Após a participação dos seus integrantes no 1º Encontro Nacional de Alfabetização e Cultura Popular, realizado em 1963, os CPC passaram a atuar prioritariamente com a alfabetização de adultos (Oliveira, 1989).

Em meio a tantas manifestações e com o apoio do Governo Federal, uma Comissão Nacional de Alfabetização foi organizada em outubro de 1963. Dois planos pilotos foram encaminhados: um para as regiões Sul e Sudeste e outro para as demais regiões do País. Esta Comissão recebeu a incumbência de construir o Plano Nacional de Alfabetização, que tinha na sua base o Método Paulo Freire. Com uma curta existência, esse Plano, criado em janeiro de 1964 e extinto em abril do mesmo ano, convocava toda a sociedade brasileira a um esforço nacional para alcançar sua meta: alfabetizar cinco milhões de brasileiros e elevar o nível cultural das classes populares.

O 1º Encontro Nacional de Alfabetização e Cultura Popular, realizado em janeiro de 1964, foi uma iniciativa do Ministério da Educação e Cultura e reuniu os principais movimentos de alfabetização de adultos e de cultura popular do País, num total de 77 entidades representadas. Com a contribuição especial de Paulo Freire, este encontro sediado na Universidade Rural de Pernambuco encerrou suas atividades com a proposta de realização de um Plano Nacional de Alfabetização, que não chegou às vias de fato.

2.2. O Movimento de Cultura Popular

No século XX, a década de 1960, em que pesem as contradições em virtude da suspensão da democracia, pode ser considerada como uma das mais significativas da sociedade brasileira, em decorrência dos seus movimentos sociais, culturais e artísticos, bem como de uma forte presença da população na luta por seus direitos no campo político e educacional e, em especial, na Educação de Jovens e Adultos. Nesse período, o Brasil enfrentava uma grave crise econômica e política, com a redução de investimentos, a diminuição de capital externo e o crescimento da inflação. Nesse cenário, marcado por diferenças sociais significativas, eram comuns as mobilizações populares na luta por reformas em diferentes setores da sociedade. O sistema educacional não atendia a demanda existente, advinda do crescimento da indústria e do comércio, e, por isso, era fortemente questionada.

Fundado em 13 de maio de 1960, no Estado de Pernambuco, na cidade do Recife, o Movimento de Cultura Popular (MCP) surge como um dos instrumentos de luta das camadas populares. Suas ações nos meios populares, proporcionando o acesso à expressão artística, procuravam igualmente promover a conscientização política dessa comunidade, pela renovação do pensamento educacional, oportunizada em trabalhos de alfabetização e de educação de base.

A história da origem do MCP, no Arraial do Bom Jesus, é contada por um de seus principais atores, Germano Coelho. Registra-se que, a convite da Prefeitura Municipal do Recife – na época,

> A concepção do MCP foi fortemente marcada e influenciada por intelectuais de outros países, em especial os da França. O nome Movimento de Cultura Popular foi inspirado no movimento francês *Peuple et Culture* (Povo e Cultura).

sob a gestão de Miguel Arraes –, um grupo de intelectuais foi chamado a pensar a situação grave por que passava o ensino público na cidade do Recife (Batista Neto, 1987). Dessas reuniões, surgiu o Movimento de Cultura Popular, juridicamente constituído como uma sociedade civil autônoma.

As atividades do MCP expandiram-se e passaram a repercutir em todo o Estado de Pernambuco. Ao colocarem como bandeiras a conscientização política e a educação de base, trouxeram algumas questões essenciais para a sociedade e a história brasileiras, como o confronto entre educação elitizada e cultura elitizada, de um lado, e educação popular e cultura popular, de outro (Batista Neto, 1987).

As palavras de Germano Coelho, idealizador do movimento, refletem o compromisso do MCP com a população e sua resposta às mazelas vividas naquele século:

> *O Movimento de Cultura Popular nasceu da miséria do povo do Recife. De suas paisagens mutiladas. De seus mangues cobertos de mocambos. Da lama dos morros e alagados, onde crescem o analfabetismo, o desemprego, a doença e a fome. Suas raízes mergulham nas feridas da cidade degradada. Fincam-se nas terras áridas. Refletem o seu drama como "síntese dramatizada da estrutura social inteira". Drama também de outras áreas subdesenvolvidas. Do Recife com 80.000 crianças de 7 a 14 anos de idade sem escola. Do Brasil, com 6 milhões. Do Recife com milhares e milhares de adultos analfabetos. Do Brasil com milhões. Do mundo em que vivemos, em pleno século XX, com mais de um bilhão de homens e mulheres e crianças incapazes sequer de ler, escrever e*

contar. O Movimento de Cultura Popular representa, assim, uma resposta. A resposta do prefeito Miguel Arraes, dos vereadores, dos intelectuais, dos estudantes e do povo do Recife ao desafio da miséria. Resposta que se dinamiza sob a forma de um Movimento que inicia, no Nordeste, uma experiência nova de Universidade Popular (Coelho apud Godoy; Carreiro Coelho, 1962).

Definido como um movimento pluralista, sem credo ou convicções religiosas, o Movimento de Cultura Popular apontava entre seus objetivos, segundo Cunha e Góes (1985), o de promover a educação de crianças, adolescentes e adultos; proporcionar a elevação do nível cultural do povo; colaborar com a melhoria das suas condições materiais e atender ao objetivo fundamental da educação, que é desenvolver plenamente todas as potencialidades do ser humano, promovendo sua inserção no mercado de trabalho.

As atividades do MCP aconteciam em clubes recreativos, salões paroquiais, templos protestantes ou centros espíritas, nos clubes desportivos das camadas populares e em qualquer localidade que estivesse disposta a abrir suas portas para as iniciativas do movimento. De acordo com Fávero (2003), escolas foram montadas e salas de aula foram criadas onde houvesse espaço. Toda a cidade foi convocada a participar dessa ampla mobilização que, no espaço de dois anos, instalou 104 escolas e atendeu a 9 mil crianças (Batista Neto, 1987).

O movimento foi apoiado por importantes setores da sociedade, como a indústria, o comércio e a imprensa, além de receber a colaboração do educador Paulo Freire, que, ao conhecer os planos do MCP e ser convidado por Germano Coelho a assumir a área de pesquisa, passou a integrar o Conselho de Direção, órgão executivo máximo da instituição (Coelho, 2002).

Além das escolas primárias, criadas para atender crianças e adolescentes, o MCP criou as escolas radiofônicas e de aperfeiçoamento para adultos, os programas de educação e cultura por rádio e televisão e as escolas de formação profissional; construiu praças de cultura com discoteca, teleclube, biblioteca pública, cinema, teatro e jogos infantis; incentivou a criação de centros de cultura, clubes de leitura e círculos de cultura; instalou centros de artesanato e artes plásticas que ofereciam exposições; e organizou programas teatrais realizados no teatro do Arraial Velho e no Teatro do Povo (Godoy e Carreiro Coelho, 1962). Desenvolveu-se, como se vê, uma intensa atividade cultural e artística que almejava a conscientização política acerca dos problemas brasileiros, à luz da cultura e de suas diferentes formas de expressão.

Em 1962, uma cartilha – intitulada *Livro de leitura para adultos* ou *Cartilha do MCP para a alfabetização de adultos* – foi lançada como suporte para os programas radiofônicos que eram transmitidos, na época, pelas rádios Clube de Pernambuco e Continental. Além das aulas, ministradas à noite, os alunos podiam contar com a utilização do espaço das escolas durante o dia, o que era feito frequentemente por crianças e adolescentes. Todo o processo era coordenado por um grupo ligado ao MCP e apoiado por estudantes de diferentes universidades.

O MCP, administrativamente, era divido em três departamentos: o de Formação da Cultura (DFC); o de Documentação e Informação (DDI) e o de Difusão da Cultura (DFC). O DFC, de atuação bastante profícua, era dividido em dez setores, sendo o de Pesquisa dirigido por Paulo Freire. O balanço realizado em 1964, pouco antes da sua extinção, foi publicado no *Arte em Revista* (ano 2, n. 3). Nele, registra-se a criação de 414 escolas, que alcançaram 30.405 alunos, crianças e adolescentes, sem contar o número de adultos que participavam dos programas radiofônicos e televisivos.

O MCP representou uma visão de vanguarda para a época, na busca pela emancipação do povo. Tornou-se, com isso, um obstáculo ao processo de controle social desejado pelo governo. Com o golpe militar, em março de 1964, suas atividades foram encerradas. A documentação do MCP que estava no Arraial foi queimada, as obras de arte, destruídas e os profissionais que atuavam ou apoiavam o movimento, perseguidos. Silenciaram-se, assim, as vozes daqueles que lutavam contra as injustiças sociais e contra a negação dos direitos de todo cidadão.

> O MCP, ao ser extinto com o golpe militar, teve sua sede, no Sítio da Trindade (Arraial do Bom Jesus), invadida por dois tanques de guerra que estacionaram no gramado de forma ostensiva, como se ali pudessem ser encontrados inimigos armados.

Com o golpe de 1964, as manifestações populares foram inibidas e os apelos e lutas por melhores condições de vida e de educação, silenciados. O governo abriu ao "terceiro setor" espaço para que ações e programas de alfabetização e escolarização de adultos pudessem ser ofertados. Mesmo em silêncio por um tempo, nas décadas de 1970 e 1980 ressurgiram novos atores e novos movimentos organizados da sociedade, que tem na classe trabalhadora um dos seus principais interlocutores e, na educação, uma de suas principais metas.

Sobre essas experiências, que tomaram como ponto de partida os movimentos sociais do período anterior à ditadura militar, passaremos a tratar nas linhas seguintes.

2.3. O Movimento Brasileiro de Alfabetização – Mobral

Implantado em dezembro de 1967, o Movimento Brasileiro de Alfabetização (Mobral) somente iniciou suas atividades em todo o País a partir de 1970. Sob a presidência de Mário Henrique Simonsen, esse movimento tinha como objetivo acabar com o analfabetismo e oferecer condições a jovens e adultos para iniciar ou prosseguir seus estudos. Diferentemente do que vinha sendo apresentado nas campanhas de alfabetização de adultos, iniciadas por Lourenço Filho, o Mobral concentrava-se no ensino da leitura e da escrita e de alguns conhecimentos matemáticos. De acordo com Bello, esse movimento

> *Foi criado pela Lei número 5.379, de 15 de dezembro de 1967, propondo a alfabetização funcional de jovens e adultos, visando "conduzir a pessoa humana (sic) a adquirir técnicas de leitura, escrita e cálculo como meio de integrá-la a sua comunidade, permitindo melhores condições de vida". Apesar da ênfase na pessoa, ressaltando-a, numa redundância, como humana (como se a pessoa pudesse não ser humana!), vemos que o objetivo do MOBRAL relaciona a ascensão escolar a uma condição melhor de vida, deixando à margem a análise das*

contradições sociais inerentes ao sistema capitalista. Ou seja, basta aprender a ler, escrever e contar e estará apto a melhorar de vida (Bello, 1993).

Com uma estrutura administrativa descentralizada, o Mobral era dividido em setores que respondiam por um conjunto de ações: secretaria executiva (Sexec), coordenações regionais (Coreg), coordenações estaduais (Coest) e comissões municipais (Comun). Existiam ainda as gerências pedagógicas (Geped), o setor de mobilização comunitária (Gemob), a gerência financeira (Geraf), a gerência de atividades de apoio (Gerap), a assessoria de organização e métodos (Assom) e a assessoria de supervisão e planejamento (Assup). Com o tempo, essa estrutura foi-se modificando na busca de garantir o atendimento de suas metas e objetivos, os quais, dentre outros, propunham

desenvolver nos alunos as habilidades de leitura, escrita e contagem; desenvolver um vocabulário que permita o enriquecimento de seus alunos; desenvolver o raciocínio, visando facilitar a resolução de seus problemas e os de sua comunidade; formar hábitos e atitudes positivas, em relação ao trabalho (Corrêa, 1979, p. 152).

Para o Programa de Alfabetização Funcional do Mobral, a metodologia utilizada, segundo sua equipe técnica, fundamentava-se no diálogo, nas vivências de seus alunos, utilizando seus conhecimentos prévios na formulação de palavras geradoras, assim como se indicava na proposta de Paulo Freire. Entretanto, os objetivos expostos em cada Programa, o material didático criado com o livro-texto, livro-glossário, cadernos de exercícios e o

CAPÍTULO I – O CONTEXTO SOCIAL E POLÍTICO DA EJA NO CENÁRIO BRASILEIRO

conjunto de cartazes, construídos para todo o País, evidenciavam uma prática pré-determinada, autoritária e não dialógica, que condenava a uma aceitação passiva aqueles que deveriam fazer ouvir as suas vozes e assegurar os seus direitos.

Com esses mesmos princípios, de centralidade na concepção dos projetos e na construção de material didático único, foi pensada a continuidade do processo de alfabetização por intermédio do Programa de Educação Integrada, com conteúdos e atividades para as quatro primeiras séries do antigo primeiro grau – hoje correspondentes aos anos iniciais do Ensino Fundamental. Outros programas, além do Programa de Profissionalização, foram elaborados, na área da cultura, saúde e educação comunitária; todos com a proposta clara de qualificação de mão de obra para o desenvolvimento econômico.

Dez anos após sua criação, em 1978, o Mobral apresentava a marca de "quase 2 milhões de pessoas, atingindo um total de 2.251 municípios em todo o país" (Corrêa, 1979, p. 459). Números que não justificavam os altos custos financeiros despendidos pela União para manter a gigantesca estrutura do Mobral. Com a recessão econômica que alcançou a nação na década de 1980, as ações desenvolvidas tornaram-se inviáveis, sendo incorporadas pela Fundação Educar, que não executava diretamente programas de alfabetização, mas apoiava financeiramente as iniciativas de instituições a ela conveniadas.

Dessa forma, o Mobral foi extinto em 1985. As ações de alfabetização e educação de adultos foram sendo retomadas pela sociedade, sob novas perspectivas e com o retorno dos ideais freirianos e da concepção de educação como direito e ação conscientizadora.

Em 1970, o Ministério da Educação e Cultura incentivou a criação do Ensino Supletivo. Em 1971, ele foi regulamentado pela Lei nº 5.692, inicialmente, como uma campanha de alfabetização de adultos e adolescentes, para suprir a escolarização daqueles que não conseguiram concluir seus estudos no período regular. Posteriormente, foi considerado um grau de ensino destinado a jovens e adultos. Também era meta desse ensino proporcionar profissionalização, atualização e aperfeiçoamento da comunidade de maneira geral (Rocco, 1979, p. 77).

2.4. A Alfabetização Solidária – AlfaSol

Dentre as iniciativas não governamentais que têm como foco a alfabetização e educação de jovens e adultos, a AlfaSol é a mais conhecida nacionalmente. Sua imagem, ainda hoje, remete-nos às políticas educacionais do governo Fernando Henrique Cardoso (1995-2002). Foi concebida em 1996, inicialmente como Programa de Alfabetização Solidária (PAS), no âmbito da Comunidade Solidária – organismo vinculado à Casa Civil da Presidência da República, que ficava a cargo da antropóloga e, na época, primeira-dama, Ruth Cardoso (1930-2008). Seus objetivos eram reduzir os índices de analfabetismo que persistiam em muitos municípios do Brasil e expandir o acesso de jovens e adultos à Educação Básica.

> Acompanhe as ações dessa ONG pelo site <http://www.alfabetizacao.org.br/site/home.asp>.

As ações desse programa e de tantos outros desenvolvidos no contexto da Comunidade Solidária faziam parte da reforma educacional brasileira em curso, proposta pelo governo, que tinha em suas diretrizes orientações do Banco Mundial.

A AlfaSol foi transformada em ONG no ano de 1998. Com sua imagem bastante associada ao governo de Fernando Henrique Cardoso e à Ruth Cardoso, essa organização, mesmo com a mudança de governo, deu continuidade às suas ações como uma Organização da Sociedade Civil de Interesse Público (OSCIP), pertencente ao terceiro setor, mantendo parcerias tanto com o setor privado, empresas e pessoas físicas, quanto com o setor público. Essa estratégia de atuação, baseada na ação em rede, era defendida desde sua concepção (Gonçalves, 2009).

Iniciando suas atividades primeiramente em municípios com índices altos de analfabetismo, conforme apontados pelo Instituto Brasileiro de Geografia e Estatística (IBGE), e com baixo IDH (Índice de Desenvolvimento Humano), a AlfaSol priorizava suas ações na alfabetização inicial de jovens e adultos. As regiões Norte e Nordeste foram as mais atendidas pelo programa em seus primeiros anos de trabalho.

Sua proposta de atendimento apoia-se no modelo em que o trabalho é desenvolvido com alfabetizadores locais e com instituições de ensino superior, que levam classes de alfabetização aos pontos mais distantes e excluídos das políticas públicas educacionais, promovendo a inclusão e a ampliação do nível de escolarização global das comunidades atendidas.

A Comunidade Solidária, instituída pelo Decreto nº 1.366 de 12 de janeiro de 1995 e extinta no decorrer de 2003, pelo então presidente Luís Inácio Lula da Silva, defendia os princípios de parceria e corresponsabilidade entre os diferentes setores sociais e possuía em sua agenda básica catorze programas, em diferentes esferas (federal, estadual e municipal) e em cinco áreas de atuação: saúde; alimentação e nutrição; serviços urbanos; desenvolvimento rural; emprego e renda; e defesa de direitos.

Ao longo de dezoito anos de existência, e atualmente reestruturada, a AlfaSol tem como concepção a educação como um direito de todos, jovens e adultos, e acredita que

não basta oferecer modelos de alfabetização compensatórios para lidar com a EJA e transpor a modalidade de ensino da criança para o âmbito do adulto. É necessário desenvolver metodologias alternativas que considerem o conhecimento acumulado pelo adulto em sua vida pessoal e comunitária, que levem em consideração o contexto sociocultural em que os alunos vivem. Ademais, é preciso gerar ações educativas que sirvam como facilitadoras para um processo de retorno ou acesso em idade adulta ao ambiente escolar, ou seja, considerar a continuidade do processo de escolarização dos egressos de cursos de alfabetização inicial (AlfaSol, 2009, p. 23).

Além das atividades desenvolvidas em diversas regiões brasileiras, nos chamados bolsões de pobreza, a ONG ampliou seu campo de atuação desenvolvendo programas não apenas voltados para a EJA. Suas atividades hoje incluem as áreas de educação digital e educação profissional, fundamentada na crença de que "O analfabetismo está atrelado aos demais indicadores da desigualdade social e condena gerações de jovens e adultos à negação do direito fundamental de expressão e transformação de sua vida pessoal e comunitária" (AlfaSol, s/d).

Alguns estudos apontam que a atuação da AlfaSol foi reconhecida por diferentes instituições, como o Instituto Brasileiro de Geografia e Estatística (IBGE) e o Instituto Nacional de Estudos e Pesquisas Educacionais Anísio Teixeira (Inep), por sua atuação

Órgão do Ministério da Educação (MEC).

CAPÍTULO I – O CONTEXTO SOCIAL E POLÍTICO DA EJA NO CENÁRIO BRASILEIRO

em favor da diminuição da taxa de analfabetismo no Brasil nas últimas décadas. Indicadores como o alto índice de analfabetismo e o baixo Índice de Desenvolvimento Humano (IDH) foram determinantes na escolha dos municípios em que o programa atuaria. Entre os anos de 1996 e 2000, o impacto das suas ações resultou em um crescimento de 32,5% na taxa de matrícula desses municípios carentes atendidos pela AlfaSol em relação aos que não receberam sua ajuda – os quais alcançaram somente o percentual de 13,8% de crescimento nas matrículas de EJA (AlfaSol, 2009). Em 2003, a entidade foi escolhida como um dos dez programas de alfabetização mais bem sucedidos do mundo.

A AlfaSol foi a primeira organização brasileira não governamental a estabelecer relações formais com a Organização das Nações Unidas para a Educação, a Ciência e a Cultura (Unesco), em 2005. Esse reconhecimento deveu-se à sua atuação em nações como o Timor Leste, Cabo Verde, Moçambique, São Tomé e Príncipe e Guatemala, passando a ter uma presença mais significativa na área da Educação de Jovens e Adultos.

Em novembro de 1998, foi criada a Associação Alfabetização Solidária. Com estatuto próprio, a associação passou a ser responsável pelo gerenciamento da AlfaSol. A constituição da entidade proporcionou maior autonomia para a captação de recursos e agilidade no gerenciamento das atividades. Todo o trabalho é desenvolvido com base em parcerias mantidas com o Ministério da Educação (MEC), empresas, pessoas físicas, organizações, governos municipais e estaduais, instituições de ensino superior e outras.

Dentre as ações desenvolvidas pela AlfaSol, destacam-se: a) o Projeto Grandes Centros Urbanos, criado com o objetivo de identificar a população acima de quinze anos com pouca ou nenhuma escolarização, moradora dos grandes centros urbanos e excluída das políticas públicas educacionais, prestando-lhe atendimento; b) o Projeto Nacional, que tem como objetivo oferecer curso de alfabetização inicial a jovens e adultos com pouca ou nenhuma escolarização que estão excluídos de políticas públicas educacionais específicas; c) o Projeto Ver, que tem como público-alvo adultos e jovens a partir de quinze anos de idade, excluídos do sistema de ensino formal, em razão da baixa acuidade visual ou de problemáticas sociais de diferentes dimensões.

2.5. O Mova

O Movimento de Alfabetização de Jovens e Adultos da cidade de São Paulo (Mova-SP) foi lançado em outubro de 1989, na gestão de Paulo Freire à frente da Secretaria Municipal de Educação, em uma parceria com a sociedade civil. A iniciativa tinha por objetivos desenvolver um processo de alfabetização a partir da leitura crítica da realidade; contribuir para o desenvolvimento da consciência crítica dos educandos e educadores envolvidos; incentivar a participação popular e a luta pelos direitos sociais de todo cidadão; apoiar os grupos populares que já trabalhavam com a alfabetização de adultos no Estado (Gadotti, 2013).

Naquela época, já existia na cidade de São Paulo o Programa de Educação de Adultos (EDA), que se articulava com o ensino noturno, na oferta de educação para as pessoas jovens e adultas que buscavam dar continuidade aos estudos ou mesmo iniciá-los. Com a criação do Mova-SP e sua rápida implementação em diferentes pontos da cidade, seus idealizadores buscaram parcerias externas para que esse movimento fosse mais que uma campanha e se transformasse numa ação sólida, apoiada tanto pelos movimentos sociais e populares quanto pelo poder público.

Organizado em núcleos de alfabetização e pós--alfabetização, e sediados próximos à comunidade que dele necessitava, o Mova-SP reunia uma equipe de professores interessados nesse desafio e que, em sua maioria, residiam na mesma comunidade. Eles eram orientados por supervisores com formação específica para o trabalho, com base numa metodologia desenvolvida pelo próprio Mova. Em seus primórdios, em apenas um ano, o Mova-SP registrou a implementação de 626 núcleos de alfabetização e 12.185 pessoas alfabetizadas (Gadotti, 2013).

Firmada nos preceitos freirianos de que ninguém alfabetiza ninguém e que o alfabetizador é mediador de um processo de construção do conhecimento, a concepção pedagógica do Mova tem como princípio orientador a tese de que é a ação do educando sobre o mundo letrado, pensando e agindo sobre a própria escrita e a escrita de outros, o ponto de partida para a leitura do mundo. Sobre essas bases, as ações desenvolvidas pelo movimento buscam se consolidar num ambiente democrático, de gestão participativa e cidadã, favorecendo a autonomia de todos que atuam nesse movimento, como alunos, docentes ou supervisores.

A formação de seus alfabetizadores – inicial e continuada –, a formação dos supervisores e a formação geral, destinada a todos, constituíam o sistema de formação do Mova-SP. A base do trabalho articulava a teoria construtivista e a prática pedagógica, numa visão dialógica, emancipatória e interdisciplinar do processo de alfabetização.

> *Mesmo sem impor nenhuma metodologia, o MOVA-SP sustentou seus princípios político-pedagógicos, sintetizados numa **concepção libertadora de educação**, evidenciando o papel da educação na construção de um novo projeto histórico, uma teoria do conhecimento que parte da prática concreta na construção do saber, concebendo o educando como sujeito do conhecimento e compreendendo a alfabetização não apenas como um processo lógico, intelectual, mas, também, como um processo profundamente afetivo e social (Gadotti, 2013, p. 30).*

Com o sucesso da experiência em São Paulo, outros Estados e municípios, ONGs, empresas e movimentos sociais buscaram essa parceria, implementando a metodologia Mova numa articulação com o movimento de São Paulo. Constituía-se, assim, a Rede Mova-Brasil. Embora implementada oficialmente em 2003, a rede iniciou-se a partir de uma ampla discussão no interior do Fórum Social Mundial de 2001 e, atualmente, tem o Instituto Paulo Freire como seu articulador e maior parceiro. A rede conta ainda com a parceria da Federação Única dos Petroleiros (FUP) e da Petrobras, por meio do Programa Fome Zero. O Instituto Paulo Freire, nesse cenário, responsabiliza-se principalmente pela coordenação das ações educacionais e de formação.

Os Mova's estenderam-se por todo o território nacional e mantêm uma linha pedagógica comum, recebendo em sua denominação o nome do Estado, município ou localidade em que atua, por exemplo, Mova-Porto Alegre, Mova-MG, Mova-Belém, Mova--ABC. Este último refere-se a uma região da Grande São Paulo. São diferentes projetos, mas todos construídos a partir dos ideais da pedagogia freiriana. Sua proposta reafirma como prioritária a inclusão social na promoção de uma cultura de paz e sustentabilidade, a mobilização social e a formação para a autonomia e organização comunitária. Tudo isso sustentado por um processo de alfabetização que vai além do letramento, traduzindo-se numa formação crítica e emancipatória.

A iniciativa do projeto Mova-Brasil comemorou em 2013 dez anos de existência. A metodologia mantém os princípios do projeto inicial, que nasceu da experiência instituída em São Paulo, por Paulo Freire, de priorizar a formação intelectual em perfeito diálogo com a organização social, o trabalho e a mobilização por uma condição cidadã para todos.

Os números atuais indicam a presença do Mova--Brasil em 629 municípios no interior de 11 Estados (Alagoas, Amazonas, Bahia, Ceará, Minas Gerais, Paraíba, Pernambuco, Rio de Janeiro, Rio Grande do Norte, São Paulo e Sergipe), tendo alfabetizado, ao longo desses anos, cerca de 246.571 pessoas (Gadotti, 2013). A estrutura organizacional que responde pela manutenção da Rede Mova-Brasil conta com órgãos gestores, pedagógicos e de administração nacional, além dos polos, parceiros locais e um setor responsável pela articulação nacional.

São inúmeros os desafios dessa articulação em nível nacional e em contextos tão diversos, mas é por muitos avaliada como uma experiência exitosa. Um de seus idealizadores, o educador popular Pedro Pontual, afirma que é preciso resgatar e sublinhar a "dimensão de movimento presente na proposta do MOVA e que tem nos atores da sociedade civil os principais responsáveis pela sua vitalização" (IPF, 2005, p. 26). A parceria e a articulação da sociedade com o poder público são o motor desse programa, que trabalha pela garantia de acesso à educação para todos os brasileiros.

2.6. A Ação Educativa

Acompanhe as ações desta ONG pelo *site* <www.acaoeducativa.org.br>.

Fundada em 1994, na capital de São Paulo, como uma associação civil sem fins lucrativos, a Ação Educativa, Assessoria, Pesquisa e Informação – hoje uma das organizações não governamentais mais presentes no cenário brasileiro – tem como objetivo desenvolver ações que garantam os direitos educativos, culturais e da juventude (Ação Educativa, s/d). As atividades propostas por essa ONG destacam a formação de educadores e agentes culturais, pesquisa e divulgação de políticas públicas que promovam os direitos humanos daqueles menos assistidos pelas iniciativas públicas no País.

CAPÍTULO I – O CONTEXTO SOCIAL E POLÍTICO DA EJA NO CENÁRIO BRASILEIRO

A história da Ação Educativa inicia-se vinte anos antes de sua fundação, quando em 1974 foi instituído o Centro Ecumênico de Documentação e Informação (Cedi), que atuava em parceria com os movimentos populares na época. Nesse centro, uma equipe iniciou suas ações educativas a partir do projeto de alfabetização em parceria com o sindicato dos seringueiros, na época liderado por Chico Mendes. Alguns membros dessa equipe optaram por mais tarde constituir um espaço que promovesse reflexões e pesquisas não apenas sobre alfabetização de adultos, mas também a respeito da educação escolar, em especial da educação da juventude.

Financiada por agências de cooperação internacionais, organismos multilaterais, institutos e fundações empresariais, órgãos públicos e pessoas físicas, a Ação Educativa tem sua gestão realizada por uma coordenação executiva, envolvendo vários setores de prestação de serviços. Em sua estrutura, a ONG conta, ainda hoje, com integrantes do movimento iniciado no Cedi, agregando, ao longo de sua trajetória, na construção de conhecimentos e na articulação política com os setores públicos responsáveis, valores acadêmicos e de militância pela educação, juventude e cultura.

A Ação Educativa atuou fortemente na articulação política por ocasião da formulação da Lei nº 9.394/96, Lei de Diretrizes e Bases da Educação Nacional (LDB), o que levou ao crescimento significativo do número de integrantes desse movimento e à consolidação, em seus princípios e estratégias, da luta pelos direitos humanos.

O Cedi teve origem com os movimentos de renovação teológica que agitavam o Brasil na década de 1970. Ver Paulo Ayres Mattos. Por que trinta anos de tempo e presença? *Tempo e presença* [Publicação virtual na Internet]. Ano 4, nº 16, Religião e Saúde, jun. 2009. Disponível em: <http://www.koinoni a.org.br/tpdigital/deta lhes.asp?cod_artigo= 312&cod_boletim=17 &tipo=Artigo> Acesso em: 16 set. 2014.

Acreano, Francisco Alves Mendes Filho (1944-1988) tornou-se, anos mais tarde, um ícone nas lutas por justiça social e ambiental no mundo. Seringueiro, sindicalista e ativista social e ambiental, liderou o 1º Encontro Nacional de Seringueiros, lutou pela causa dos trabalhadores no Acre e pela não devastação da floresta amazônica, causa pela qual foi morto em dezembro de 1988.

Em 2003, já com sede própria no bairro de Higienópolis, em São Paulo, a Ação Educativa consolidou suas atividades em torno de duas temáticas centrais: a Educação de Jovens e Adultos (EJA) e a juventude. Essa consolidação e, consequentemente, a expansão de suas atividades ocorreram a partir do convite feito ao seu presidente, Sérgio Haddad, para participar na Relatoria Nacional do Direito Humano à Educação.

No enfrentamento do desafio de equacionar as questões de sustentabilidade financeira, a Ação Educativa mantém suas atividades em constante diálogo com a realidade política e educacional brasileira e com as necessidades da sociedade civil. Sua atenção está focada em três áreas de atuação: Educação, Cultura e Juventude, que – sustentadas pelos setores financeiro, de comunicação e de tecnologia – alcançam escolas, redes de ensino, órgãos públicos, além de participar de programas e campanhas educacionais.

> Para mais informações, acesse <http://www.observatoriodaeducacao.org.br/>.

Importa ainda destacar o Observatório da Educação, criado pela Ação Educativa em 2002 com o objetivo de acompanhar a cobertura da mídia sobre o tema e promover debates sobre a educação como direito humano, divulgando informações e abrindo espaços para críticas e comentários, tornando, assim, visíveis temáticas como educação indígena e educação em prisões.

Capítulo II

O contexto acadêmico da EJA

O contexto acadêmico da EJA

Como modalidade de ensino, a Educação de Jovens e Adultos (EJA) vem sendo ofertada pelos sistemas públicos municipais e estaduais, e por instituições da iniciativa privada, ONGs, igrejas, empresas. Esse conjunto de processos e práticas educacionais, formais e informais, compõe a oferta diversificada de educação para jovens e adultos, cobrindo as lacunas deixadas pelo sistema de ensino regular.

Pensar o papel da EJA nos dias atuais implica ir além da simples oferta dessa modalidade, seja pelos órgãos públicos, seja pelos movimentos sociais, seja pelas iniciativas privadas. É importante pensarmos no contexto acadêmico em que essa discussão se insere, as pesquisas e reflexões que movem os conhecimentos e as ações que sustentam as práticas educativas, pensadas para atender as pessoas jovens, adultas e idosas.

Neste capítulo, buscaremos compreender qual o espaço acadêmico ocupado pela EJA nos fóruns e encontros nacionais e internacionais, no sistema educacional e, mais especificamente, no ensino superior brasileiro, revelando quais pesquisas vêm sendo realizadas e como elas influem na oferta e na qualidade dessa modalidade educativa.

CAPÍTULO II – O CONTEXTO ACADÊMICO DA EJA

1. Os encontros nacionais e internacionais de EJA

Hoje, no Brasil, contamos com a ação dos Fóruns de EJA, uma intensa militância em prol da educação de pessoas jovens e adultas. Esse movimento nasceu da necessidade de preparação para a 5ª Conferência Internacional de Educação de Adultos (Confintea). A continuidade e intensidade com que esses fóruns se projetaram no Brasil reflete a urgência de se discutir a educação das pessoas jovens e adultas em nosso país. Antes de falarmos sobre os fóruns, resgatemos esse movimento internacional que surgiu há 65 anos.

A 1ª Confintea ocorreu num contexto de pós-guerra e como resultado do movimento de busca pela organização mundial, por progresso e paz entre as nações. Esta conferência teve lugar em Elsimore, Dinamarca, em 1949, reunindo 106 representantes de 27 países e 21 organizações internacionais. O Brasil não participou desse primeiro encontro. O trabalho das suas comissões indicou que a educação de adultos teria de ser adequada às especificidades e funcionalidades desse tipo de atendimento; que os métodos e técnicas deveriam ser pensados levando em consideração a comunidade escolar; que os problemas das instituições e organizações quanto à oferta precisariam ser discutidos; e que se levassem em conta as condições de vida das populações com vistas à produção de uma cultura de tolerância e paz. Recomendou-se, ainda nesta conferência, a sua continuidade, ao se constatar que a educação de adultos era um tema emergente e de abrangência mundial.

Em 1960 – 11 anos após a 1ª Confintea –, aconteceu a segunda edição desse encontro internacional, em Montreal, Canadá, com a participação de 47 Estados-membros da Organização das Nações Unidas para a Educação, a Ciência e a Cultura (Unesco) e 46 organizações não governamentais (ONGs). Estiveram presentes também dois Estados como observadores, além de dois Estados associados. Cada Estado apresentou um relatório com informações sobre a natureza, o objetivo e os conteúdos da Educação de Adultos no seu país, bem como responsabilidades tais como a educação das mulheres e manutenção de museus, bibliotecas e universidades. Realizada num período de grande crescimento econômico e intensas mudanças no mundo, esta 2ª Confintea reforçou o importante papel da Educação de Adultos, entendida como tarefa mundial em que os países desenvolvidos deveriam auxiliar aqueles em desenvolvimento.

A 3ª Confintea ocorreu na cidade de Tóquio, Japão, em 1972. Apresentaram-se 82 Estados-membros, dos quais três na categoria de observador. Estiveram nesta conferência, também, 37 organizações internacionais e três organizações vinculadas às Nações Unidas. O tema central desta Confintea foi "A Educação de Adultos no contexto da educação ao longo da vida"; e foram trabalhadas as temáticas da alfabetização, educação permanente, mídia e cultura.

Nessa década, o mundo vivia um intenso crescimento econômico, com alguns países em situação de pós-independência, como resultado do processo de descolonização da África. Alguns fatores contribuíram para a discussão acerca da importância da Educação de Adultos no mundo. Um deles foi a criação, em parceria com a Unesco, do Conselho Internacional de Educação de Adultos (ICAE), atualmente com sede em Montevidéu, Uruguai. Esse conselho teve na figura de J. Roby Kidd, seu criador, a inspiração para promover a parceria de indivíduos e organizações interessados na defesa do direito à aprendizagem e educação de adultos, homens e mulheres, de todas as idades e em todos os países do mundo.

Outra iniciativa refere-se ao Relatório Faure, publicado pela Unesco nesse mesmo ano, que igualmente influenciou as diretrizes e premissas para a realização da 3ª Confintea, ao destacar em seus postulados (Faure, 1974, p. 10):

1. *a existência de uma comunidade internacional que, sob a diversidade de nações e de culturas, das opções políticas e dos níveis de desenvolvimento deve buscar a solidariedade e a unidade de aspirações;*

2. *a crença numa democracia concebida como o direito de cada ser humano se realizar plenamente e de participar na edificação de seu próprio futuro;*

3. *o desenvolvimento que deve ter por objetivo a expansão integral das pessoas em toda a riqueza e a complexidade de suas expressões e compromissos;*

4. *uma educação formadora das pessoas, cujo advento se torna mais necessário à medida que coações sempre*

CAPÍTULO II – O CONTEXTO ACADÊMICO DA EJA

mais duras separam e fragmentam cada ser. Trata-se então de não mais adquirir, de maneira exata, conhecimentos definitivos, mas de preparar para elaborar, ao longo de toda a vida, um saber em constante evolução e um aprender a ser.

Na realização desta Confintea, foi reconhecido que a Educação de Adultos pode vir a fortalecer a democracia e a diminuir as taxas de analfabetismo, ainda extremamente altas em muitos países do mundo. Partia-se da premissa da aprendizagem ao longo da vida e da constatação de que as instituições escolares não conseguem promover a educação integral do ser humano, dando-se, com isso, a necessidade de ampliação dos sistemas educacionais – no sentido de contemplar os processos escolares e extraescolares, destinados a estudantes de todas as idades. O relatório final desse evento apontou que a Educação de Adultos é fator essencial para que se dinamize um processo democrático, que contribua de maneira efetiva para o desenvolvimento econômico, social e cultural das nações.

Entre a 3ª e a 4ª Confintea, realizou-se em Nairóbi, Quênia, em 1976, a Conferência Geral da Unesco, que trouxe uma importante contribuição para a educação das pessoas jovens e adultas e que, no contexto dessa discussão, merece nosso destaque.

Inicialmente, os debates desencadeados em Nairóbi ampliam e tornam mais abrangente o termo "educação de adultos", destacando que esta modalidade de ensino

designa a totalidade dos processos organizados de educação, seja qual for seu conteúdo, o nível ou o método,

> *sejam formais ou não formais, ou seja, que prolonguem ou reiniciem a educação inicial dispensada nas escolas e universidades e na forma de aprendizagem profissional, graças às quais as pessoas, consideradas como adultas pela sociedade a que pertencem, desenvolvem suas atitudes, enriquecem seus conhecimentos, melhoram suas competências e técnicas profissionais ou lhes dão nova orientação, e fazem evoluir suas atitudes ou o seu comportamento na dupla perspectiva de um enriquecimento integral do homem e uma participação em um desenvolvimento socioeconômico e cultural equilibrado e independente (Unesco, 2005).*

Além disso, esta conferência definiu, por meio da *Recomendação de Nairóbi para a Educação de Adultos* (Unesco, 1976), que cada Estado-membro deverá reconhecer a educação de adultos como um elemento constitutivo e permanente na construção das políticas públicas para o desenvolvimento social, cultural e econômico, com a criação de estruturas, programas e métodos educativos para todas as categorias de adultos, sem discriminação de gênero, raça, origem geográfica, idade ou posição social.

As contribuições desse encontro e do documento produzido em Nairóbi são significativas para a Educação de Adultos, pois, além de ampliar as ações educativas no atendimento a essa comunidade, garantiu seu direito fundamental à educação, ao "consagrar o compromisso dos governos de promover a educação de adultos como parte integrante do sistema educacional, numa perspectiva de aprendizagem ao longo da vida" (Unesco, 2010, p. 12).

CAPÍTULO II – O CONTEXTO ACADÊMICO DA EJA

"Aprender é a chave do mundo" foi o tema central da 4ª Confintea, realizada, em 1985, em Paris, França, onde se reuniram 841 participantes, representando 112 Estados-membros, agências das Nações Unidas e ONGs. Num contexto de crise econômica mundial, de contenção de gastos públicos, e com as contribuições apresentadas pela *Recomendação de Nairóbi para a Educação de Adultos*, além da forte influência do pensamento e ideais de Paulo Freire, esse encontro toma para si a incumbência de discutir a educação de adultos como direito e na perspectiva da educação permanente ou aprendizagem ao longo da vida. Ao reafirmar o direito à educação escolar de todo indivíduo, a 4ª Confintea o define como direito de aprender a ler, escrever, questionar, analisar, imaginar, criar, ler o próprio mundo e escrever a sua própria história. Ou seja, o direito à educação escolar refere-se ao acesso ao desenvolvimento de competências e habilidades que auxiliem a pessoa a participar ativamente das decisões, de maneira crítica e consciente. Além disso, esta conferência reforçou o compromisso de todas as nações com a garantia desse direito por meio de propostas adequadas, abrangentes e de qualidade. As discussões acerca da educação permanente e aprendizagem ao longo da vida, embora realizadas, ainda aguardam um longo tempo de maturação e só se traduzem efetivamente doze anos depois, com a Conferência de Hamburgo.

Outros temas foram discutidos, como o papel dos Estados e das ONGs, a criação de documentos normativos sobre o direito do adulto a aprender e o impacto das novas tecnologias da informação no ensino e na aprendizagem da pessoa adulta.

> A palavra *cáucus* é definida como 'conselho' e seu uso é muito popular nos Estados Unidos. Sua origem, entretanto, não é muito clara, sendo considerada por alguns como uma palavra de origem indígena, *cau'-cau'-as'u*, e por outros como uma palavra proveniente do latim medieval, que traz em seu significado o conceito de 'tigela para beber'.

Durante esta 4ª Confintea, o Conselho Internacional de Educação de Adultos (ICAE) criou um *cáucus* de ONGs, com o objetivo de discutir e organizar ações concretas para garantir a proposta da "Declaração sobre o direito a aprender". Essa aliança entre ONGs e governos considerados mais progressistas contou com o apoio de China, Canadá, Índia, países Nórdicos e Liga Árabe.

A década de 1990 foi assinalada pela realização de inúmeros eventos patrocinados pela Unesco, pelo Fundo das Nações Unidas para a Infância (Unicef) e pelo Programa das Nações Unidas para o Desenvolvimento (PNUD), com o apoio do Banco Mundial. Foram dezenas de eventos internacionais, realizados a partir das propostas discutidas pela Conferência Mundial sobre Educação para Todos, em Jomtien, Tailândia, em 1990, quando defendeu-se a educação primária universal e a melhoria nos serviços de educação básica. Dentre esses encontros, podemos mencionar as Conferências Mundiais e Ibero-Americanas de Educação, Sessões do Comitê Intergovernamental Regional do Projeto Principal para a Educação, Fóruns Internacionais Consultivos sobre Educação para Todos, Reuniões do Grupo de Alto Nível de Educação para Todos, Semanas de Ação Mundial ou Semanas de Educação para Todos, realizados em diferentes localidades ao redor do mundo.

A proposição discutida nesses eventos e assumida por todos é a de que a educação é o elemento mobilizador e, portanto, central, para se alcançar o desenvolvimento econômico. A Unesco foi a agência responsável por consolidar essa premissa de

CAPÍTULO II – O CONTEXTO ACADÊMICO DA EJA

que a educação é capaz de promover o "desenvolvimento sustentável que favoreça a superação da pobreza, a redução das desigualdades e aumento da coesão social [...]", para fomentar e concretização de "[...] relações estáveis e harmônicas entre as comunidades e promover a compreensão mútua, a tolerância, a democracia e a paz" (Unesco, 1998, p. 17).

A partir dessas ações foram realizadas, em diferentes países, reformas educacionais, que tiveram como pauta as definições da Conferência de Jomtien, realizada com o apoio do Banco Mundial e dos organismos internacionais supracitados. Nessa conferência, os países assumem o proposto na "Declaração Mundial sobre Educação para Todos", ou seja, a satisfação das necessidades básicas de aprendizagem, e comprometeram-se a universalizar a educação básica, estendendo-a para toda a população. Nesse encontro, foi aprovado, também, o "Plano de Ação para Satisfazer as Necessidades Básicas de Aprendizagem", um importante documento mundial que acabou por se configurar como uma referência na formulação das políticas públicas para a educação ao longo da década de 1990.

Realizada em dezembro de 1993, a Conferência de Nova Délhi igualmente foi importante para as políticas educacionais dos países que compõem o E-9. Este grupo, composto por nove países populosos e em desenvolvimento – Bangladesh, Brasil, China, Egito, Índia, Indonésia, México, Nigéria e Paquistão –, firmou alguns compromissos e definiu metas, reafirmando o que anteriormente tinha sido estabelecido em Jomtien, ou seja, atender às necessidades básicas de aprendizagem de crianças, jovens e adultos (Unesco, 1998).

CAPÍTULO II – O CONTEXTO ACADÊMICO DA EJA

Todos esses movimentos internacionais repercutiram nas políticas públicas educacionais do Brasil com a elaboração de uma nova Lei de Diretrizes e Bases da Educação Nacional (LDB), Lei nº 9.394/96, e dos Parâmetros Curriculares Nacionais (PCNs), em 1997. A EJA, nesse processo, ganha destaque em território brasileiro e ganha, na LDB, um capítulo especial, do qual trataremos mais à frente.

É importante, ainda, registrar a publicação de outro importante documento que, também, influenciou as políticas educacionais em âmbito mundial. Trata-se do relatório *Educação: um tesouro a descobrir*, construído para a Unesco pela Comissão Internacional sobre Educação para o Século XXI –, também conhecido como Relatório Jacques Delors. A comissão internacional que elaborou o relatório, composta por especialistas e coordenada pelo francês Jacques Delors, foi criada em 1991. Seu principal objetivo era refletir sobre o sentido de educar e aprender no século XXI. O documento final foi assumido pelo meio acadêmico, prioritariamente, mas também por outras áreas de conhecimento, como um programa de ação com vistas à renovação da educação em diversos países. Ele faz um diagnóstico do contexto planetário de interdependência e globalização, evidenciando as situações de desemprego, de precariedade material e social, e de exclusão social, vivenciadas por populações em todo o mundo. O Relatório Delors sugere ainda a cooperação e a solidariedade entre todas as nações como forma de enfrentar as tensões provocadas pela globalização, o crescimento acelerado das novas tecnologias de comunicação e as

Capítulo II – O contexto acadêmico da EJA

demandas oriundas do aumento significativo dos conhecimentos científicos e tecnológicos. Para os autores desse documento, a educação é o principal instrumento para alcançar o desenvolvimento dos indivíduos e capacitá-los a enfrentar os desafios atuais e futuros, num processo contínuo de valorização das competências e habilidades adquiridas fora da escola.

Realizada em 1997, a 5ª Confintea aconteceu em Hamburgo, Alemanha, num processo de continuidade das conferências anteriores e influenciada por todos os encontros internacionais que vinham acontecendo naquela década. Esta conferência é apontada, na história da EJA, como um marco na compreensão do que seja a educação da pessoa adulta, além de ter propiciado, em especial no Brasil, uma intensa preparação de documentos e relatórios sobre como essa modalidade vem sendo considerada, ofertada e avaliada pelos poderes públicos. Um amplo processo de consultas preparatórias (Ireland, 2000) foi realizado em todas as cinco regiões mundiais consideradas pela Unesco, além de uma consulta coletiva às ONGs. Os dados encontrados foram consolidados num relatório e apresentados à conferência. No Brasil, a preparação para esta Confintea deu início aos Fóruns de EJA, hoje já consolidados em todo o País.

Com um tema que discutia a aprendizagem de adultos como ferramenta, direito, prazer e responsabilidade, a 5ª Confintea reuniu mais de 170 Estados-membros da Unesco, 500 ONGs e cerca de 1.300 participantes. Foi considerada uma conferência especial, pois conseguiu integrar diferentes

CAPÍTULO II – O CONTEXTO ACADÊMICO DA EJA

Red de Educación Popular entre Mujeres.

The Gender and Education Office, órgão do ICAE.

temáticas e ações, indo além dos limites estabelecidos pelas conferências anteriores. Com a liderança do Conselho Internacional de Educação de Adultos (ICAE), a participação de ONGs e outros movimentos, como o de mulheres (Repem e GEO), esse encontro reformula o que se entende por educação de pessoas adultas, com a definição dada pelo art. 3º da "Declaração de Hamburgo sobre Educação de Adultos":

> *Por educação de adultos entende-se o conjunto de processos de aprendizagem, formais ou não formais, graças aos quais as pessoas cujo entorno social considera adultas desenvolvem suas capacidades, enriquecem seus conhecimentos e melhoram suas competências técnicas ou profissionais ou as reorientam a fim de atender suas próprias necessidades e as da sociedade. A educação de adultos compreende a educação formal e permanente, a educação não formal e toda a gama de oportunidades de educação informal e ocasional existentes em uma sociedade educativa e multicultural, na qual se reconhecem os enfoques teórico e baseados na prática. (Conferência Internacional..., 1997)*

A implementação da Agenda de Hamburgo foi acompanhada pela Unesco, que, em 2003, convocou os Estados-membros para uma reunião em que se realizou um balanço dos compromissos assumidos na 5ª Confintea. Esta reunião, influenciada pelo Fórum Social Mundial, ressaltou a necessidade de se criarem instrumentos jurídicos para a Educação de Adultos, tanto em âmbito local quanto internacional, e chamou à responsabilidade os países em seu compromisso com a alfabetização e formação da pessoa adulta.

CAPÍTULO II – O CONTEXTO ACADÊMICO DA EJA

O Brasil foi palco da 6ª Confintea, em dezembro de 2009. Para esse evento, foram realizadas conferências regionais preparatórias em diversos países ao redor do mundo. No México, ocorreu o primeiro encontro que congregou a América Latina e o Caribe, em 2008. Na sequência, reuniram-se Ásia e países do Pacífico na Coreia do Sul; os países da África encontraram-se no Quênia; a Hungria recebeu as nações da Europa e da América do Norte; e os Estados Árabes tiveram seu encontro na Tunísia, em janeiro de 2009, encerrando toda esta mobilização (Conferência Internacional..., 2010). Com o apoio do Grupo Consultivo da 6ª Confintea, o Instituto da Unesco para a Aprendizagem ao Longo da Vida liderou todo o processo, organizando os relatórios regionais e de cada país, num documento intitulado *Relatório Global sobre a Aprendizagem e Educação de Adultos*, apresentado na Conferência.

Sendo o primeiro país do hemisfério sul a sediar uma Confintea, a nação brasileira mobilizou-se por meio dos Fóruns Estaduais de Educação de Jovens e Adultos, encontros regionais e nacionais, que reuniram milhares de pessoas na descrição do estado da arte em educação das pessoas jovens e adultas no Brasil. Esse documento foi incorporado ao documento-base entregue à Unesco para a realização da Conferência.

A 6ª Confintea, que elegeu o tema "Vivendo e aprendendo para um futuro viável: o poder da aprendizagem e da educação de adultos", contou com a presença de 144 Estados-membros, além de representantes das organizações da sociedade civil, parceiros sociais, agências das Nações Unidas, organismos intergovernamentais e do setor privado (Unesco, 2010). Além de fazer um balanço dos avanços e conquistas ocorridos em relação à educação de adultos, essa conferência reafirmou sua condição de elemento essencial do direito à educação, que precisa, efetivamente, ser estendido a todos, jovens e adultos. Definiu, ainda, como prioridade, a educação das mulheres e das populações mais vulneráveis, como os povos indígenas, as pessoas privadas de liberdade e as populações rurais e enfatizou, nos documentos construídos, a prioridade que deve ser dada à alfabetização no contexto da educação continuada e da formação profissional de todos aqueles que buscam a continuidade dos seus estudos.

Ao término deste grande evento ocorrido em Belém, Pará, com 1.500 pessoas envolvidas, fica a certeza da importância que esses encontros têm para a educação de adultos, desde suas ações preparatórias até a construção dos documentos finais que representam compromissos reafirmados e estabelecidos entre os países. Todo o processo precisa ser considerado e tomado como constitutivo das ações de mudanças tão necessárias, se desejamos uma Educação de Jovens e Adultos como direito de todos. Para isso, devem-se considerar a diversidade e a pluralidade de cada nação e a importância do compromisso na elaboração de políticas de Estado em relação à oferta, ao financiamento dessa modalidade e ao acompanhamento das ações formais e informais de educação e aprendizagens ao longo da vida. Queremos acreditar que, ainda nos dias atuais,

CAPÍTULO II – O CONTEXTO ACADÊMICO DA EJA

a educação de adultos é um processo que ainda vivencia uma fase de esclarecimento terminológico e conceitual e que tem sofrido contínuas crises de legitimidade. É de grande ajuda que as comunidades de nações e os representantes governamentais responsáveis por este setor da educação possam reunir-se com especialistas e organizações não governamentais, sob a égide da UNESCO, para intercambiar informações, examinar o estado das coisas e analisar quais são os passos para determinar e planejar visando a um futuro comum (Agostino; Hinzen; Knoll, 2009, p. 10).

2. Os Fóruns de EJA: a experiência brasileira

Começamos este texto por uma afirmação que preocupa a todas as pessoas que, direta ou indiretamente, estudam e pesquisam a Educação de Jovens e Adultos: no Brasil, ainda não conseguimos eliminar o analfabetismo e os atuais dados censitários mostram que não houve avanços nos últimos anos. A questão, também formulada por outros autores, é que, se temos avançado em tantas áreas, por que ainda convivemos com taxas tão altas de analfabetismo? Por que temos regiões em que quase a metade da população é considerada analfabeta?

Para a Unesco (1998), a alfabetização é considerada um conhecimento essencial e, dessa forma, básico para que cada cidadão tenha participação num mundo em constante transformação. A alfabetização é, portanto, um direito humano fundamental e, como tal, precisa ser estendido a todos, independentemente de cor, raça, localização geográfica, idade e condição social.

Essa compreensão tem movido as instituições, organizações e grupos que atuam na EJA, alimentando as discussões na área. Um desses grupos, que vem ganhando destaque no cenário nacional, é formado pelos Fóruns de EJA. Aqui procuraremos apresentar um pouco da história e da estrutura desses fóruns, considerando-os movimentos articulados pela sociedade e com papel de destaque no meio acadêmico e, em especial, na Secretaria de Educação Continuada, Alfabetização, Diversidade e Inclusão (Secadi/MEC).

É preciso, inicialmente, retroceder alguns anos, para contarmos a história da constituição dos Fóruns de EJA. Com a proximidade da realização da 5ª Conferência Internacional sobre Educação de Adultos, realizada em julho de 1997, em Hamburgo, Alemanha, a Unesco convocou todos os Estados-membros a se prepararem e a organizarem seus relatórios. No Brasil, o Estado do Rio de Janeiro, em 1996, tomou a iniciativa de chamar uma reunião com o objetivo de articular ações e informações que pudessem subsidiar a construção desses documentos que, na ocasião, estavam dispersos. A resposta da comunidade, em especial da acadêmica, confirmou as expectativas dessa chamada, revelando o desejo de todos por um espaço de discussão e trocas, de construção de parcerias e de lutas em prol de uma educação de adultos com maior qualidade pedagógica e social, garantida por uma política pública para a área.

CAPÍTULO II – O CONTEXTO ACADÊMICO DA EJA

Esse encontro motivou a realização de tantos outros que se espalharam pelo País, propostos por instituições de ensino superior, instituições governamentais e não governamentais, sindicatos e movimentos sociais, que se sentiram desafiados à criação e consolidação desses espaços que hoje reconhecemos como os Fóruns de EJA.

Esses fóruns, que hoje contabilizam o número de 26 estaduais e um do Distrito Federal em plena atividade, são reconhecidos não apenas pelo MEC mas, igualmente, pelas sociedades brasileira e internacional. Os delegados desses fóruns representam seus Estados nos Encontros Nacionais de Educação de Jovens e Adultos (Eneja's), que vêm ocorrendo desde 1999, conforme quadro abaixo:

Edição	Ano	Cidade/Estado
1º	1999	Rio de Janeiro/RJ
2º	2000	Campina Grande/PB
3º	2001	São Paulo/SP
4º	2002	Belo Horizonte/MG
5º	2003	Cuiabá/MT
6º	2004	Porto Alegre/RS
7º	2005	Luziânia/GO
8º	2006	Recife/PE
9º	2007	Faxinal do Céu/PR
10º	2008	Rio das Ostras/RJ
11º	2009	Belém/PA
12º	2011	Salvador/BA
13º	2013	Natal/RN

(Fóruns de EJA, s/d)

Capítulo II – O contexto acadêmico da EJA

Esses encontros nacionais, atualmente realizados a cada dois anos, transformaram-se numa expressão nacional da EJA, contribuindo para a legitimação dos fóruns como espaços de interlocução com os governos municipais, estaduais e federal. Em todos esses encontros, a proposição de metas reafirmou o compromisso com a educação das pessoas jovens e adultas numa perspectiva de construção de cidadanias e como direito de todos. Ainda dos documentos oficiais dos Eneja's, destacamos algumas metas que permanecem na pauta das discussões: a) situar a EJA como parte substantiva, e não apenas compensatória, do sistema educativo; b) criar nas universidades, faculdades e centros universitários espaços de articulação e sistematização de experiências, a fim de contribuir para a discussão e a formulação de políticas públicas para a EJA e para a formação inicial e continuada de educadores.

A importância dos fóruns e dos Eneja's faz-se sentir, também, com a representação que essas instâncias possuem na Comissão Nacional de Alfabetização e Educação de Jovens e Adultos (CNAEJA); por meio da sua presença no colegiado de representantes, dialoga com o MEC acerca das questões que afetam a EJA no País. Entretanto, os desafios são muitos e esses espaços de mobilização são fundamentais, como sustenta Gadotti, quando se busca

Uma nova política de EJA [que] precisa assentar-se nos princípios da Educação popular. E eles são, entre outros: a gestão democrática, a organização popular, a participação cidadã, a conscientização, o diálogo, o respeito à

diversidade, a cultura popular, o conhecimento crítico e uma perspectiva emancipatória da Educação (2014, p. 7)

Para esses desafios, o fortalecimento dos profissionais na luta pela defesa do direito à educação e pela qualidade no atendimento a jovens e adultos sem escolarização exercita-se com as diferenças e a diversidade nos modos de pensar a EJA; nas formulações curriculares próprias para pessoas jovens e adultas, tomando como base as necessidades de aprendizagens desses sujeitos; e na renovação das concepções e práticas escolares, que ainda se apresentam como herdeiras de uma prática pedagógica tradicional, voltada ao atendimento de crianças e adolescentes do ensino regular.

Com a 5ª Confintea, esse processo de mobilização teve início. Apoiada pela Unesco, a mobilização tem se mantido na agenda do País e de cada Estado, reforçada não só pelas ações de resistência da sociedade brasileira como também pela realização da 2ª Conferência Mundial de Educação para Todos. Sediada em Dakar, Senegal, em 2000, esta conferência defendeu o objetivo principal de "assegurar que as necessidades de aprendizagem de todos os jovens e adultos sejam atendidas pelo acesso equitativo à aprendizagem apropriada, a habilidades para a vida e a programas de formação para a cidadania" (Werthein; Cunha, 2000).

O caminho encontrado no Brasil para a efetivação desse objetivo vem enfrentando lutas e desafios, em especial porque nos últimos anos a educação escolar foi afetada por inúmeras mudanças políticas que refletiram na organização, oferta e efetivação da EJA em todo o território nacional. O enfrentamento tem, nos fóruns, um espaço hoje legitimado tanto pela sociedade civil quanto pelos órgãos governamentais. Para Machado (2008), os Fóruns de EJA e os encontros nacionais por eles organizados consolidam um espaço de articulação, com os diferentes segmentos que representam e ofertam a EJA, nas mobilizações por políticas públicas que garantam atendimento com qualidade social e pedagógica aos alunos dessa modalidade e, principalmente, que mantenham o diálogo entre o Estado e a sociedade civil.

3. A EJA nas universidades

Falar da presença da EJA no contexto universitário significa mencionar, principalmente, a oferta de cursos de formação inicial de professores para atuar com a educação das pessoas jovens e adultas, mesmo considerando que, em muitas instituições de ensino superior, a extensão e a pesquisa nas temáticas relacionadas à EJA sejam mais representativas que os cursos de licenciatura.

A formação de professores para a EJA tem sido um tema recorrente, tanto na literatura acadêmica quanto na LDB e nos vários acordos internacionais dos quais o Brasil é signatário.

A partir de Barreto (2006, p. 94), compreendemos que formação inicial é "a primeira etapa do processo de formação a ser desenvolvido com um grupo que atua ou pretende atuar na educação de

Capítulo II – O contexto acadêmico da EJA

jovens e adultos". Consideramos que grande parte desses educadores ainda não trabalha nas escolas, ainda não foi formada, muito embora alguns tenham experiências com alfabetização de adultos e educação popular.

Trataremos aqui da formação inicial e continuada de professores para a EJA, um tema que aparece na atual LDB com uma recomendação no inciso VII do art. 4º, que apresenta a necessidade de atenção às características específicas dos trabalhadores que estudam em cursos noturnos, jovens e adultos numa uma faixa etária diferenciada, pertencentes a grupos culturais com características singulares, excluídos da escola e à margem do mercado de trabalho pela condição de não escolarizados. É para esses sujeitos que os professores precisam ser preparados, seja em cursos de formação inicial, seja em ações de formação continuada ofertadas pela universidade.

O Parecer do Conselho Nacional de Educação (CNE)/Câmara de Educação Básica (CEB) nº 11/2000 reafirmou essa necessidade, ao considerar que essa formação precisa levar em consideração uma "relação pedagógica com sujeitos, trabalhadores ou não, com marcadas experiências vitais que não podem ser ignoradas" (Brasil, Parecer CNE/CEB nº 11/2000). São jovens que buscam na escola a oportunidade do emprego; são adultos que, já inseridos no mercado de trabalho, buscam novas oportunidades e carregam consigo uma trajetória longa de reflexões sobre a vida e o mundo (Oliveira, 1999).

Para Soares e Simões (2004, p. 26), a formação de professores para atuar na EJA "tem se inserido na problemática mais ampla da instituição da EJA como um campo pedagógico específico que, desse modo, requer a profissionalização dos seus agentes". Entretanto, o número de instituições que ofertam cursos com habilitação para a atuação na EJA ainda é pequeno, considerada a demanda existente. De acordo com pesquisa desenvolvida por Soares,

> *Os dados do INEP de 2005 apontavam 1.698 cursos de Pedagogia no Brasil, em 612 IES. Dentre estas instituições, 15 oferecem a habilitação de EJA em 27 cursos: 7 instituições na Região Sul, ofertando 19 cursos com a habilitação, 4 na Sudeste, com 4 cursos e 4 na Nordeste, com 4 cursos. Do total de cursos de Pedagogia, apenas 1,59% oferecem a habilitação, sendo que as Regiões Norte e Centro-Oeste não apresentaram nenhum registro (2007, p. 3).*

Nos dias atuais, ainda são pouco expressivas as iniciativas de formação inicial de docentes para atuar na EJA, assim como as propostas de programas e projetos de extensão que contemplem ações de formação de professores e cursos de especialização para essa modalidade.

As recentes pesquisas evidenciam ainda que os professores da EJA, originários de diversas áreas de formação, são preparados para atuar no ensino regular e ingressam na EJA por diferentes motivos e, em raras situações, por uma escolha pessoal. Em geral, são professores que não possuem formação teórico-metodológica para o trabalho com jovens e adultos, construindo sua compreensão das necessidades e possibilidades da docência na EJA no dia a dia da sala de aula.

Esse aspecto pode ser secundarizado, se compreendemos a formação do professor como categoria e não como especificidade, uma vez que, no processo de formação teórico-prática, o professor em formação deverá reunir competências reflexivas para sua atuação em qualquer modalidade de ensino. Nesse sentido genérico da formação, Pimenta e Anastasiou (2002, p. 179) defendem que "o papel das teorias é o de iluminar e oferecer instrumentos e esquemas para a análise e investigação, que permitem questionar as práticas, e ao mesmo tempo, pôr as próprias teorias em questionamento". No entanto, além dessa formação, é urgente que se elabore uma política específica de formação do educador da EJA, dadas as peculiaridades dessa modalidade de educação.

A EJA não foi, para muitos, a primeira escolha, mas permanecer atuando nela é o caminho que a maioria decidiu percorrer, o que se deve, em muitos casos, "à percepção da importância da escolarização para os alunos e à sensibilização que suscitam as histórias de vida, tecidas na exclusão" (Vargas; Fantinato, 2011, p. 918). Como "ninguém nasce educador ou marcado para ser educador" e como "A gente se faz educador, a gente se forma, como educador, permanentemente, na prática e na reflexão da prática" (Freire, 1997, p. 58), diante das poucas ofertas de formação inicial para atuar na EJA, é preciso investir nas iniciativas de formação continuada, na capacitação em serviço e nos movimentos sociais organizados, a exemplo dos Fóruns de EJA que vêm se constituindo em espaços de formação de educadores.

4. A EJA nas pesquisas

A educação, concebida como instrumento de transformação da sociedade, tem como tarefa instrumentalizar criticamente seus cidadãos, construindo e compartilhando conhecimentos. Uma das formas de cumpri-la são as pesquisas desenvolvidas em espaços acadêmicos. A produção de conhecimento científico, com rigor teórico e metodológico, avaliado e divulgado amplamente, é o que move as áreas em estudo, suscitando novos questionamentos e novas buscas que confirmam ou refutam teses já formuladas.

Assumindo a pesquisa em educação como uma ação de investigação minuciosa e sistemática da realidade educacional, no sentido de conhecê-la, compreendê-la e atualizá-la em suas ações de ensino, em diferentes contextos e áreas, verificamos que o número de pesquisas que tematizam a Educação de Jovens e Adultos ainda é pequeno, embora se registre, nos últimos anos, algum crescimento – que, apesar de ser mais acentuado em temáticas específicas, demonstra certo desenvolvimento nesse campo de conhecimento. Esses estudos são necessários, pois nos auxiliam na interpretação da realidade vivida nos espaços escolares como uma "prática social de conhecimento", conforme afirma Santos (1989), fornecendo dados e proporcionando uma visão abrangente da EJA, seja no âmbito local, seja no cenário nacional.

Não seria possível, no espaço deste livro, falar de todas as pesquisas que hoje subsidiam as discussões na EJA. Assim, identificamos aquelas mais

Capítulo II – O contexto acadêmico da EJA

referenciadas nos textos acadêmicos publicados pela Anped e pelos principais periódicos nacionais na área da educação. Esperamos, com isso, oferecer um panorama das temáticas mais investigadas e das ausências e carências nas reflexões sobre o atendimento educacional a jovens e adultos no Brasil.

Foram consultados os textos publicados na Revista Brasileira de Educação, na Revista Educação e Sociedade e nos Cadernos de Pesquisa.

A pesquisa *Diagnóstico do Ensino Supletivo no Brasil, 1971-85* foi uma das primeiras a serem realizadas, em âmbito nacional, sobre a EJA. Coordenada por Sérgio Haddad, esta pesquisa foi realizada pelo Programa Educação e Escolarização Popular do Centro Ecumênico de Documentação e Informação (Cedi) e fez parte de um amplo projeto que procurou realizar um retrato do estado da arte sobre o Ensino Supletivo no Brasil, a partir da LDB então vigente, Lei nº 5.692/71.

Uma versão condensada do relatório desta pesquisa pode ser encontrada no livro Ensino Supletivo no Brasil: o estado da arte, escrito por Sérgio Haddad e publicado pela Rede Latino-Americana de Informação e Documentação em Educação – Reduc/Inep, em 1987.

Concluído em 1987, esse primeiro estudo procurou analisar os cursos e os exames supletivos que atendiam, na época, à suplência de 5ª a 8ª séries do 1º Grau, além do 2º Grau. Dessa forma, tomou como base os trabalhos realizados e concluídos até agosto de 1986, identificados pelo Cedi nos campos de ensino supletivo, educação de adultos, educação popular e educação permanente. Foram encontrados 192 títulos entre dissertações de mestrado, teses de doutorado, livros, artigos de periódicos, *papers* e documentos. Desse total, os pesquisadores analisaram 53 documentos.

Para a realização dessa pesquisa,

> [...] *todos os trabalhos sobre cursos de 5ª a 8ª séries do 1º grau e 2º grau, além dos trabalhos sobre exames de educação geral, passaram por uma primeira leitura com*

> *o objetivo de poder caracterizá-los em seus traços gerais nos seguintes aspectos: objetivos, referencial teórico, hipóteses, metodologia empregada, conclusões e recomendações. Tal procedimento foi feito para todos os trabalhos classificados como dissertações, teses ou relatórios oficiais e que estavam em nossa propriedade. Para os demais documentos, como artigos de periódicos, documentos oficiais, anais, papers, conferências e outros, a leitura se restringiu aos aspectos: colocação do problema e apreciação (Haddad, 1987, p. 6).*

Dentre as considerações finais da pesquisa coordenada por Haddad, destacamos algumas, em razão de sua atualidade. A primeira diz respeito à necessidade de criação de um sistema nacional de controle dos dados e informações sobre os alunos que frequentam o supletivo. Ainda hoje, há poucos dados que permitam identificar o perfil do alunado que frequenta as classes de EJA. Outra consideração a ser destacada refere-se à inexistência de estudos e pesquisas sobre a metodologia para o ensino de adultos e a ausência de critérios para a definição de conteúdo que devem ser trabalhados com adultos. "Não se tem uma reflexão mais aprofundada que pudesse unir, além das posturas político-pedagógicas dos pesquisadores, dados sobre conteúdos formais, necessidades dos educandos e processos de aprendizagem" (Haddad, 1987, p. 130).

A pesquisa assinala, ainda, o tema da formação de professores. Embora a LDB de 1971 preconize o preparo adequado aos docentes que atuarão no Ensino Supletivo, as pesquisas revelaram a precariedade dessa formação, que ocorre, via de regra, na prática da sala de aula, sem nenhuma supervisão ou acompanhamento. Esse quadro não se alterou nos últimos anos, pois ainda são poucas as instituições que possuem alguma ação voltada à formação de professores específica para a EJA.

Esse estudo preliminar, além de revelar a necessidade de novos estudos e pesquisas na EJA, indica diferentes temáticas que precisam ser analisadas profundamente, considerando que essa modalidade de ensino foi, e ainda é, ofertada sem o reconhecimento das especificidades que acompanham seus sujeitos, alunos e professores.

Uma pesquisa bibliográfica mais ampla foi realizada pela organização não governamental Ação Educativa, apoiada financeiramente pelo Instituto Nacional de Estudos e Pesquisas Educacionais Anísio Teixeira (Inep) e também coordenada pelo professor Sérgio Haddad. Por ela, procurou-se mostrar o

> conhecimento produzido na área da Educação de Jovens e Adultos, evidenciando sua amplitude através dos diversos problemas tratados, suas tendências teóricas expressas nos referenciais mais utilizados, suas vertentes metodológicas, bem como as principais conclusões a que têm chegado os pesquisadores (MACHADO, 2000, p. 1).

As 226 dissertações e teses analisadas por esse estudo foram classificadas em seis grandes temáticas: a primeira referia-se especificamente aos professores que atuam em EJA; a segunda temática incluía as pesquisas que tratavam dos alunos da EJA; a terceira, as produções voltadas para análise das concepções e práticas pedagógicas na EJA; na quarta temática o tema central era a educação popular; a

Intitulada *O estado da arte das pesquisas em educação de jovens e adultos no Brasil: a produção discente da pós-graduação em educação no período 1986-1998*, esta pesquisa contou com a participação dos pesquisadores Maria Margarida Machado, Maria Clara Di Pierro, Antonio C. de Souza, Marcos José P. da Silva, Miro Nalles, Mônica M. O. Braga Cukierkorn.

CAPÍTULO II – O CONTEXTO ACADÊMICO DA EJA

quinta temática abordava as políticas públicas em EJA; e a sexta temática, outras discussões mais gerais e relacionadas à EJA.

Essa investigação apresentou alguns aspectos interessantes, que merecem ser destacados por permitirem o aclaramento do alcance e da importância das pesquisas que tem a EJA como campo de estudo. Um desses aspectos relaciona-se ao fato de que a maioria dos trabalhos encontrados referia-se a estudos de caso, relatos analíticos de experiências, práticas ou projetos, associados a uma unidade escolar ou a uma sala de aula. Poucos trabalhos tratavam da EJA no escopo de um programa de âmbito municipal ou estadual e nenhum em nível nacional (Haddad, 2000).

Mencionamos, ainda, uma observação constante nesse estudo:

> As conclusões apresentadas nas pesquisas relativas ao aluno reafirmam um dilema que a Educação de Jovens e Adultos carrega consigo: o de pretender dar garantias de um direito que foi negado a estes alunos que é a escolarização básica, mas ao mesmo tempo levantar uma grande expectativa nos alunos que frequentam os cursos quanto às mudanças que ele espera no seu cotidiano, principalmente na sua realidade profissional, quando isto não depende apenas da escola. Há ganhos para quem está vivenciando a experiência de voltar para a escola depois de adulto, mas há também decepções por esta escola não corresponder a tudo o que se espera dela (Haddad, 2000, p. 15).

As pesquisas revelaram mais do que os números podem apontar: a) o conjunto dos dados coletados

CAPÍTULO II – O CONTEXTO ACADÊMICO DA EJA

pelos pesquisadores denuncia que a produção acadêmica de natureza teórico-filosófica sobre a EJA ainda é muito reduzida, o que evidencia um campo de conhecimento ainda recente; b) o pensamento de Paulo Freire ainda é a maior referência nessas investigações, e não há uma interlocução maior com outros pensadores latino-americanos; c) há carência de maiores investimentos das instituições de ensino superior nessa área, tanto em pesquisas quanto em programas de extensão.

Atualmente, inúmeras pesquisas vêm sendo empreendidas com o intuito de conhecer, compreender e evidenciar a Educação de Jovens e Adultos no Brasil. Interessa, também, mapear as ações e políticas públicas desenvolvidas nessa modalidade de ensino. Dentre as pesquisas, destacamos Ventura (2008), Santos e Viana (2011), além de nossos trabalhos: Araújo e Jardilino (2011) e Araújo, Freitas, Jardilino e Nunes (2013).

Em suas investigações, Ventura (2008) discute acerca das políticas para a Educação de Jovens e Adultos no Brasil, a partir dos trabalhos apresentados no Grupo de Trabalho Educação de Pessoas Jovens e Adultas (GT18) da Anped, fazendo um levantamento daqueles que contemplavam a temática, no período entre 1998 e 2008. Para a autora, "a maioria das pesquisas desenvolve estudos de caso e sistematizações de experiências de abrangência reduzida", "poucos são os estudos sobre financiamento" e ainda "são poucos os estudos sobre EJA tal como ocorre nas redes públicas de ensino" (Ventura, 2008, p. 11).

Ventura constatou também que grande parte das pesquisas desenvolvidas e apresentadas nas Reuniões Anuais da Anped avaliava iniciativas na EJA a partir da segunda metade dos anos 1990, identificando que várias pesquisas analisavam criticamente as políticas do governo Fernando Henrique Cardoso (1995-2002). A autora constatou a existência de certo silenciamento em relação às políticas no governo Lula (2003-2006). Ainda, identificou: a) a inexistência de trabalhos sobre a atuação das ONGs na EJA pós-regime autoritário; b) a inexistência de "estudos relativos às influências dos organismos internacionais e à repercussão desta influência nas estratégias do MEC para o atendimento da demanda por EJA"; c) um número reduzido de trabalhos "que sistematizem modelos e tipologias da educação de adultos no Brasil e seus pressupostos teórico-filosóficos" (Ventura, 2008, p. 12).

O trabalho desenvolvido por Santos e Viana (2011) objetivou o estado da arte das pesquisas na área, tendo como fonte de dados as apresentações realizadas no GT18 da Anped, na categoria EJA como políticas públicas, no período compreendido entre 1998 e 2008. As autoras analisaram os trabalhos, tendo como foco as políticas, programas e projetos relacionados à Educação de Jovens e Adultos, considerando a localização geográfica das pesquisas. A região Norte não registrou nenhuma pesquisa nesse período; as regiões Nordeste e Sul apresentaram trabalhos que representavam 9,52% cada; a região Centro-Oeste compareceu com 14,28% e a região Sudeste, com grande parte das pesquisas, ou seja, 66,67%.

Santos e Viana (2011) identificaram, ainda com esse estudo, os tipos de pesquisa realizados, indicando que 66% envolviam estudos de abordagem quantitativa/qualitativa, enquanto 29% restringiam-se à abordagem qualitativa e 5%, à quantitativa. As temáticas enfatizadas nessas pesquisas contemplaram

> *a descentralização das políticas públicas, a relação entre poder público e sociedade civil, programas de alfabetização e demais propostas de políticas, o distanciamento do Estado ante a EJA, a construção de sentidos no cerne dessa modalidade educacional, bem como a sua situação nas cidades e no campo (Santos; Viana, 2011, p. 109).*

As autoras concluíram o trabalho indicando a necessidade de que pesquisas sejam feitas em alguns Estados importantes, como Bahia, Pernambuco, Paraná e Santa Catarina e reafirmando que "há muito por se construir em relação à Educação de Jovens e Adultos como direito básico para homens e mulheres" (Santos; Viana, 2011, p. 110).

Em nosso próprio trabalho (Araújo e Jardilino, 2011), analisamos pesquisas relacionadas à temática Educação de Jovens e Adultos divulgadas em dois meios: a) artigos publicados entre 2006 e 2010 na *Revista Brasileira de Educação*, na *Revista Educação e Sociedade* e nos *Cadernos de Pesquisa*; e b) na produção divulgada de 2006 a 2010 no GT18 da Anped. Foram analisados 82 trabalhos, todos selecionados a partir de três categorias: políticas públicas; sujeitos; e práticas pedagógicas na EJA.

Na primeira categoria, políticas públicas para a EJA, identificamos publicados nos periódicos catorze artigos que abordavam temáticas como políticas internacionais (relacionadas principalmente à 4ª Confintea), políticas locais (ampliação da EJA, financiamento), presença de ONGs e do Sistema S (Sesc, Senai e Sesi) na oferta de EJA e um trabalho sobre as políticas para EJA no Plano Nacional de Educação. Já entre os trabalhos apresentados GT18 da Anped, identificamos 26 produções abordando ações como o Programa Nacional de Integração da Educação Profissional com a Educação Básica na Modalidade de Educação de Jovens e Adultos (Proeja), o Programa Nacional de Educação na Reforma Agrária (Pronera) e o Programa Nacional de Inclusão de Jovens (Projovem) e, ainda, estudos sobre a EJA no sistema prisional e em áreas de assentamento. Um dos trabalhos analisados referia-se às Diretrizes Curriculares Nacionais para a EJA e os aspectos operacionais na oferta dessa modalidade pelos sistemas públicos de ensino.

Na segunda categoria, sujeitos da EJA e sua formação, consideramos como sujeitos alunos, professores e educadores que atuam nessa modalidade de ensino. A respeito de professores e educadores, não se encontrou nenhuma publicação nos periódicos investigados. Há de se considerar, também, que foi localizado apenas um trabalho que tratou do sujeito aluno da EJA. Embora não tratasse especificamente sobre o aluno, esse sujeito compunha a análise do trabalho, pois, com base em reflexões sobre o tema da autoestima dos alunos, analisaram-se as estratégias de uma política nacional de educação não formal, o Programa Alfabetização Solidária (Araújo; Jardilino, 2011). A ausência de trabalhos publicados sobre o professor da EJA traz à tona uma questão: a temática sobre os sujeitos da EJA (alunos e professores), neste final da primeira década do século, já foi devidamente investigada? No que diz respeito à docência na EJA, respondemos que não, pois, ao considerar a problemática da formação de professores para atuarem na escola básica no Brasil, tanto a inicial quanto a continuada, seria difícil apontar a formação do professor de EJA como uma questão já resolvida. É preciso lembrar a afirmação de Arroyo (2006) de que o perfil do educador da EJA e sua formação ainda estão em construção. Assim, entendemos que a omissão encontrada no *corpus* pode se relacionar com uma característica circunstancial do período analisado.

Entre os trabalhos apresentados nos anos de 2006 a 2010, no GT18 da Anped, pouco menos de um terço referia-se à temática da formação em EJA, alguns contemplando os alunos e outros abordando os docentes e suas especificidades. Ao todo, identificamos 20 trabalhos nessa categoria: 11 deles tinham como foco os alunos dessa modalidade de ensino, em diferenciadas perspectivas. Dois trabalhos tratavam da constituição dos sujeitos mulheres que frequentam a EJA e as dificuldades que elas enfrentam no retorno ao espaço escolar. Um desses trabalhos discutia as relações de gênero no espaço escolar, em turmas de Educação de Jovens e Adultos, com ênfase na identificação das práticas de cuidado necessárias ao acolhimento desses sujeitos. Ainda na categoria sujeitos da EJA, destacamos na investigação os trabalhos que apresentavam pesquisas com sujeitos mais específicos: um deles estuda a presença do idoso na EJA; outro avalia os jovens urbanos da EJA; e um terceiro investiga a formação profissional de lavradores, também alunos dessa modalidade de ensino. Os demais trabalhos apresentados na Anped, no período em estudo, num total de dez, tratavam dos professores e sua formação. Esses textos relatavam pesquisas e trajetórias de docentes da EJA e os diferentes sentidos atribuídos à sua trajetória formativa para a docência nessa modalidade.

A terceira categoria refere-se às práticas pedagógicas. Dentre os catorze trabalhos publicados nos periódicos, apenas um tratava de questões correlatas às práticas pedagógicas desenvolvidas na EJA. Situado na perspectiva da sociolinguística, o trabalho discutia os problemas da escrita e da oralidade na EJA como espaço de fortalecimento da identidade, crenças e valores dos sujeitos em formação.

As produções apresentadas pelo GT18 da Anped, circunscrito à categoria práticas pedagógicas, somaram dezenove trabalhos: oito destacavam a aprendizagem em língua portuguesa, mais especificamente as práticas de alfabetização e letramento; quatro trabalhos foram escritos tendo como base a análise de situações de aprendizagem matemática e as práticas de numeramento na escola de EJA; e um deles apresentava discussões de professores de matemática de jovens e adultos sobre um currículo integrado com o Proeja. Os demais trabalhos abordavam temáticas diversas, como o currículo da EJA em empresas, a utilização do livro didático na Educação de Jovens e Adultos, as metodologias de projetos de ensino e o uso do diálogo como dispositivo pedagógico nessa modalidade de ensino.

Nós comparamos a quantidade de pesquisas em cada categoria e identificamos que a categoria políticas públicas para a EJA foi a mais recorrente entre as publicações, o que demonstra a preocupação dos estudiosos com esse aspecto.

Em pesquisa recente (Araújo; Freitas; Jardilino; Nunes, 2013) procedemos a um balanço das produções científicas acerca das políticas públicas para a EJA, apresentadas no GT18, da Anped, nos anos de 2011 e 2012. Para a realização desse trabalho, foram consultados todos os resumos dos textos submetidos à apreciação no período mencionado, totalizando 32 produções. Procedeu-se à leitura na íntegra dos trabalhos considerados potencialmente úteis a esta pesquisa. Observamos que nos dois últimos anos houve um crescimento nas produções que contemplam a temática políticas públicas para EJA. Em 2011, a produção científica referente a essa temática representava 25% das pesquisas; em 2012, tal produção chegou a responder por 37,5% dos artigos. Dentre essas produções, estão investigações sobre os programas federais para a EJA, especialmente o Proeja.

Essa ampliação pode indicar um interesse crescente da academia na busca de compreender, analisar e, até mesmo, intervir na construção de políticas públicas para a oferta de educação para as pessoas jovens e adultas em nosso país (Araújo; Freitas; Jardilino; Nunes, 2013).

A pesquisa concluiu, também, que há um número reduzido de pesquisas acerca do financiamento da Educação de Jovens e Adultos e sobre a EJA em zonas rurais e em presídios. Compreender estas ausências posiciona a EJA no cenário acadêmico e social. A atenção que é dada a essa modalidade de ensino no âmbito das pesquisas ainda nos mostra que ela ocorre como um esforço marginal, residual e empreendido por alguns poucos estudiosos. É fundamental ao desempenho pedagógico geral, com o qual toda a sociedade deve se envolver, que a EJA seja compreendida como campo de produção de conhecimento, tendo, para isso, garantido espaço nos debates da academia, bem como investimentos compatíveis com as necessidades que demanda essa modalidade.

5. O GT18 da Anped – locus privilegiado da pesquisa sobre EJA

A Associação Nacional de Pós-Graduação e Pesquisa em Educação (Anped), fundada em 1976, reúne programas de pós-graduação *stricto sensu* em Educação, bem como estudantes, docentes e pesquisadores da área. Sem fins lucrativos, esta associação busca promover o desenvolvimento do ensino de pós-graduação e da pesquisa, "a participação da comunidade acadêmica e científica na formulação e desenvolvimento da política educacional do País" (Anped, s/d). Suas ações são orientadas no sentido de fortalecer o desenvolvimento da ciência, da educação e da cultura, considerando a participação democrática, a liberdade e a justiça social como princípios norteadores tanto da estrutura interna, quanto na luta pelo direito social à educação.

A trajetória acadêmica e científica dessa associação foi consolidada ao longo dos anos, e sua

CAPÍTULO II – O CONTEXTO ACADÊMICO DA EJA

organização em Grupos de Trabalho (GTs) e em Grupos de Estudos (GEs) auxiliam na promoção do debate entre pesquisadores, tanto em suas áreas específicas quanto na inter-relação entre áreas que discutem temáticas comuns e transversais. Esses grupos de trabalho, temáticos, 23 GTs ao todo, são espaços de socialização do conhecimento produzido pelos pesquisadores que a eles se agregam, com o objetivo de aprofundar o debate na área específica de seu grupo, bem como definir as atividades acadêmicas que serão desenvolvidas nas Reuniões Científicas.

Nessas Reuniões Anuais ou Regionais, esses grupos encontram-se. É sobre um deles, o GT18 – Educação de Pessoas Jovens e Adultas –, que interessa apresentar aqui um pouco da trajetória e constituição.

Após uma longa discussão nos GTs de Educação Popular e de Movimentos Sociais, alguns pesquisadores da área de EJA propuseram a criação de um *locus* próprio para a discussão de questões e temáticas pertinentes a esta área específica. Na Reunião Anual de 1997, a Assembleia Geral da Anped aprovou a constituição de um Grupo de Estudos, que rapidamente, no ano de 1999, transformou-se em Grupo de Trabalho, recebendo o número 18. Isso ocorreu em razão do amadurecimento de suas ações e discussões e da significativa produção teórica do campo.

O crescimento desse GT evidenciou-se ao longo de suas reuniões anuais, por meio de trabalhos encomendados, minicursos e sessões especiais. É importante destacar as coordenações, eleitas pelos integrantes do GT e escolhidas entre pesquisadores de grande renome na Educação de Jovens e Adultos. Na forma de GE, a direção esteve com Sérgio Haddad (1998-1999); já como GT, os pesquisadores que assumiram a coordenação foram Leôncio Soares (2000-2002); Timothy Denis Ireland (2003--2004); Tânia Maria M. Moura (2005-2006); Maria Margarida Machado (2007-2008); Jane Paiva (2009--2010) e Edna Castro de Oliveira (2011-2013). Atualmente, a gestão do GT18 está sob a responsabilidade da professora Rosa Aparecida Pinheiro, da UFSCar, para o período de 2014 a 2016.

A importância desse GT para a EJA evidencia-se de diferentes maneiras. Trabalhos como os de Haddad (2000), André (2002), Araújo e Jardilino (2011) e Araújo, Freitas, Jardilino e Nunes (2014), chamados de "estado da arte" e que tem como proposta selecionar as pesquisas numa área específica a partir de algumas fontes pré-selecionadas, incluem em suas fontes a busca pelos trabalhos apresentados nos GTs da Anped, por considerá-los de relevância acadêmica e científica. Além disso, articulações são pensadas e construídas pelos pesquisadores, em suas instituições e localidades de origem, no sentido de dar visibilidade às discussões e às ações em prol de uma EJA com qualidade acadêmica e social.

6. A EJA no sistema educacional brasileiro

Compreender o lugar que a EJA ocupa no sistema nacional de educação implica reconhecer que

CAPÍTULO II – O CONTEXTO ACADÊMICO DA EJA

questões relacionadas à gestão, aos recursos e ao financiamento precisam ser discutidas à luz dos desafios e necessidades que a integração dessa modalidade de ensino pressupõe. E, ainda, que o sistema precisa garantir não apenas a oferta de oportunidades de acesso à escolarização, mas a permanência desses alunos jovens e adultos nas classes de EJA, bem como proporcionar qualidade no ensino e no material didático utilizado.

A Constituição Federal de 1988 preceitua, no art. 208, que a Educação é um direito de todos e dever do Estado, e que a educação básica será assegurada inclusive aos que a ela não tiveram acesso na idade própria. Complementam essa determinação legal o disposto na atual Lei de Diretrizes e Bases da Educação Nacional (LDB), ao instituir a EJA como modalidade da educação básica, que terá a sua oferta garantida pelos Estados e municípios; e o disposto na Resolução CNE/CEB nº 1/2000, que anuncia as especificidades do atendimento educacional a jovens e adultos.

A oferta de EJA pelos municípios e Estados está longe de atender às necessidades educacionais dos alunos, sejam elas relacionadas à implementação de classes, à sua ampliação ou mesmo ao material didático-pedagógico e à formação de docentes para atuar nessa modalidade.

À União, no seu "papel de indutor e coordenador da política pública de educação", compete fortalecer a EJA, definindo as responsabilidades dos Estados e municípios na interlocução entre os sistemas de ensino e as organizações da sociedade civil, garantindo melhorias na qualidade da Educação de Jovens e Adultos.

> O artigo 208 da Constituição Federal foi alterado pela Emenda Constitucional nº 59, de 11 de novembro de 2009, e os incisos I e VII receberam a nova redação:
> "I – educação básica obrigatória e gratuita dos 4 (quatro) aos 17 (dezessete) anos de idade, assegurada inclusive sua oferta gratuita para todos os que a ela não tiveram acesso na idade própria;
> VII – atendimento ao educando, em todas as etapas da educação básica, por meio de programas suplementares de material didático-escolar, transporte, alimentação e assistência à saúde."

O maior desafio, entretanto, está em rever os modelos administrativos e pedagógicos utilizados que podem não contemplar a diversidade dos sujeitos da EJA. Nacionalmente, a EJA reproduz a experiência dos antigos cursos supletivos, na oferta de uma educação compensatória, aligeirada e de pouca qualidade, que não leva em consideração os sujeitos da ação educativa, jovens, adultos e idosos que necessitam de tempos e espaços pedagógicos diferenciados.

É preciso pensar em estratégias de acesso, permanência e qualidade para a EJA, se desejamos uma educação de fato comprometida com o direito público subjetivo de todos os cidadãos. Estamos falando de uma EJA que reconhece que seus estudantes precisam ser atendidos nas suas especificidades e necessidades, na construção de conhecimentos que possam efetivamente auxiliá-los, e que transforme a visão negativa que sempre marcou o imaginário da sociedade sobre a escola noturna e a EJA.

Com essas demandas, o MEC criou em 2004, no primeiro mandato do presidente Lula, a Secretaria de Educação Continuada, Alfabetização e Diversidade (Secad), hoje denominada Secadi, pela adição em 2011 do termo Inclusão em seu nome. Essa secretaria, que resultou da junção de duas outras – a Secretaria Extraordinária de Erradicação do Analfabetismo (Seea) e a Secretaria de Inclusão Educacional (Secrie) –, busca, por meio da articulação com os sistemas de ensino estadual e municipal, a implementação de políticas educacionais para a EJA. Ao organizar os programas e ações,

> A Secadi atua igualmente com políticas nas áreas de alfabetização, educação ambiental, educação em direitos humanos, educação especial, educação do campo, educação escolar indígena, quilombola e educação para as relações étnico-raciais.

antes dispersos em diferentes ministérios, a Secadi tem se constituído como um espaço de diálogo com a sociedade civil, apresentando como objetivo

> *contribuir para o desenvolvimento inclusivo dos sistemas de ensino, voltado à valorização das diferenças e da diversidade, à promoção da educação inclusiva, dos direitos humanos e da sustentabilidade socioambiental, visando à efetivação de políticas públicas transversais e intersetoriais (Brasil, (Secad) "Apresentação", s/d).*

A Secadi conta, na sua estrutura organizacional, com a Diretoria de Políticas de Alfabetização e Educação de Jovens e Adultos, que tem, no trabalho da Coordenação Geral de Educação de Jovens e Adultos, a responsabilidade pela implementação e acompanhamento das ações e dos programas desenvolvidos para atender à EJA. Auxiliam nesse trabalho os representantes eleitos pelos Fóruns Estaduais de EJA que compõem a Comissão Nacional de Alfabetização e Educação de Jovens e Adultos (CNAEJA).

Essa comissão, criada pelo Decreto Presidencial nº 4.834/2003, posteriormente ampliada pelo Decreto nº 5.475 de 22 de junho de 2005, teve suas ações confirmadas pelo Decreto nº 6.093, de 24 de abril de 2007. Em sua composição, conta com dezesseis membros, sendo quatro representantes dos governos federal (Secadi e SEB/MEC), estadual (Conselho Nacional de Secretários de Educação) e municipal (União Nacional dos Dirigentes Municipais de Educação); um representante da Unesco; um representante das instituições de Ensino Superior; e dez representantes da sociedade civil. Nessa última representação estão os Fóruns de EJA.

Secretaria de Educação Básica.

CAPÍTULO II – O CONTEXTO ACADÊMICO DA EJA

De caráter consultivo, a CNAEJA assegura a participação da sociedade no Programa Brasil Alfabetizado, assessora na formulação e na implementação das políticas nacionais e no acompanhamento das ações de alfabetização e de Educação de Jovens e Adultos. A Comissão tem como metas garantir a alfabetização e a oferta de EJA a todos e construir, por meio de um diálogo democrático e participativo, uma nova realidade para a educação das pessoas jovens e adultas.

Importantes passos foram dados nos últimos anos na institucionalização da EJA. É preciso lembrar, entretanto, que a realidade social é produto da ação de homens e que ela não se transforma por acaso (Freire, 1997). Tampouco se transforma pela Lei instituída ou por Comissões e Diretorias criadas. É preciso a ação de homens e mulheres, no acompanhamento constante das políticas para a EJA, garantindo o direito de aprender e de participar dos espaços formais de educação.

7. A EJA na legislação educacional brasileira

O que podemos considerar como avanços na proposta legal para a Educação de Jovens e Adultos? Como as políticas públicas contemplam essa modalidade de ensino? Que avanços foram conquistados?

Por compreender que todo dispositivo legal tem, em sua concepção, uma história e um cenário social que definem seus contornos – determinações histórico-sociais que, sobre a EJA, já apresentamos neste livro –, nosso percurso pelos caminhos legais dessa modalidade será iniciado com a Lei de Diretrizes e Bases da Educação Nacional (LDB) nº 5.692, promulgada em 11 de agosto de 1971 (que dedicou, pela primeira vez, um capítulo ao atendimento das pessoas jovens e adultas). Ofertar o ensino de 1º e 2º graus, em um tempo reduzido, na perspectiva de uma suplência, foi o caminho encontrado pelo governo para qualificar, profissionalizar e certificar rapidamente homens e mulheres que não possuíam a escolarização completa e que, em razão dessa situação, não conseguiam se inserir no mercado de trabalho.

Mesmo não ampliando o dever do Estado na oferta de educação para todos, limitado ao ensino público e gratuito para a faixa etária dos 7 aos 14 anos, essa Lei reconheceu o direito de todo cidadão ao Ensino Supletivo. Suas metas, definidas no art. 24, estabeleciam:

> *a) Suprir a escolarização regular para os adolescentes e adultos que não tenham seguido ou concluído na idade própria;*
>
> *b) Proporcionar, mediante repetida volta à escola, estudos de aperfeiçoamento ou atualização para os que tenham seguido o ensino regular no todo ou em parte.*
>
> *Parágrafo único – O ensino supletivo abrangerá cursos e exames a serem organizados nos vários sistemas de acordo com as normas baixadas pelos respectivos Conselhos de Educação (Brasil, 1971, p. 9).*

A Lei estabelecia que o Ensino Supletivo abrangesse o ensino da leitura, escrita e os rudimentos da matemática, além da formação profissional e do ensino regular das disciplinas, conforme as necessidades da comunidade a ser atendida, com estrutura, duração e regime escolar diferenciados. Observa-se, também, a proposta de que os cursos supletivos fossem ministrados utilizando os recursos da televisão, do rádio e das correspondências ou qualquer outro veículo de comunicação que permitisse alcançar aqueles que necessitavam ou desejavam ser escolarizados. Os exames supletivos, também previstos por essa legislação, foram definidos nos aspectos de conteúdo, nível de conclusão e idade mínima para sua realização, atribuindo a cada Conselho de Educação a responsabilidade por oferecer esses exames ou indicar os estabelecimentos oficiais responsáveis por essa realização.

Após a promulgação dessa Lei, o MEC instituiu um grupo de trabalho para construir as diretrizes para o funcionamento do Ensino Supletivo, o que, de acordo com Soares (1995), resultou em dois documentos distintos:

> o primeiro que procurava estabelecer as "bases doutrinárias" resultando no Parecer 699/72 do relator Valnir Chagas, que conceitua e estrutura o ensino supletivo preconizado na lei, e o segundo que tratava da política e as linhas de ação. [...] O Parecer 699/72 foi elaborado para dar fundamentação ao que seria a doutrina do ensino supletivo. Nesse, ele viria a "detalhar" os principais aspectos da lei 5.692, no que tange ao ensino supletivo, facilitando sua compreensão e orientando sua execução (p. 168-9).

No contexto da Nova República, e após uma década de crescimento e fortalecimento dos movimentos sociais organizados, a Constituição de 1988, pela primeira vez na história brasileira, garantia o "direito público subjetivo" de educação para todos, definindo a obrigatoriedade e gratuidade do Ensino Fundamental independentemente da idade. Para Ventura (2011, p. 74), a Constituição "incorporou elementos importantes do campo educacional progressista", abrindo novas possibilidades para a EJA, ao assegurar, no art. 208, que "o dever do Estado com a educação será efetivado mediante a garantia de: I – Ensino Fundamental obrigatório e gratuito, inclusive para os que a ele não tiveram acesso na idade própria" (Brasil, 1988). Essa garantia foi mais tarde corrigida pela Emenda Constitucional nº 59, de 11 de novembro de 2009, que estendeu a obrigatoriedade para toda a Educação Básica e não apenas para o Ensino Fundamental.

A Constituição garantiu, ainda, que o ensino observasse os princípios de igualdade de condições de acesso e de permanência na escola, e que seus alunos recebessem auxílio por meio de programas suplementares de material didático, transporte, alimentação e assistência à saúde.

No início da década de 1990, marcada por programas de governo de inspiração neoliberal e por reformas nos sistemas públicos de ensino que acompanhavam o processo de redefinição do papel do Estado em diferentes áreas, pouca ênfase foi dada à Educação de Jovens e Adultos. Por pressões internacionais, dentre essas as que se originaram das Conferências Internacionais, e por uma obrigação constitucional, o Plano Decenal – 1993/2003 – apresentou como meta a escolarização de mais de 8

Para uma leitura mais completa da política, estrutura e organização educacionais, confira nesta mesma coleção o texto de José Carlos Libâneo e colaboradores: *Educação Escolar: políticas, estrutura e organização*, publicado em 2003.

milhões de brasileiros jovens e adultos. Entretanto, com os cortes orçamentários efetivados na época, poucas ações foram realizadas, não se alterando de maneira substancial o cenário em que se encontrava o País.

Instituída como uma modalidade da Educação Básica, a EJA ganhou novo destaque com a promulgação da LDB nº 9.394/1996, de 20 de dezembro de 1996, ao manter uma seção destinada a esse ensino – agora sob a denominação oficial de Educação de Jovens e Adultos. Por intermédio dos artigos 37 e 38, a lei ampliou o contingente de jovens e adultos que podem ser atendidos por essa modalidade, assegurando gratuidade a quem não estudou na "idade regular", sem restrições quanto à idade máxima e aos estudos anteriores.

Para atender às especificidades desse alunado, a atual LDB ainda prevê que os conteúdos curriculares na EJA deverão estar orientados para a prática social e para o trabalho, por meio de uma metodologia que considere o perfil desse aluno, sua maturidade e experiências anteriores, o que pressupõe um professor especializado, cuja formação transcende o proposto pelos cursos de licenciatura, dentre outros (Brasil, Lei nº 9.394/1996). A necessidade de um professor capacitado para esse trabalho se faz sentir ao considerarmos a complexidade desse espaço educativo, a diversidade geracional que o compõe e, portanto, a maneira diversa como a aprendizagem ocorre e as problemáticas emergem.

O conceito de suplência persistiu inclusive no corpo da lei, ao se declarar que "os sistemas de ensino manterão cursos e exames supletivos que

Capítulo II – O contexto acadêmico da EJA

compreenderão a base nacional comum do currículo, habilitando ao prosseguimento de estudos em caráter regular" (Brasil, Lei nº 9.394/1996, art. 38). Esse dispositivo legal, porém, avança ao propor ações integradas e complementares entre Federação, Estados e municípios para viabilizar, estimular e garantir o acesso e a permanência de alunos trabalhadores na escola. Também o faz ao afirmar que conhecimentos e experiências adquiridas serão considerados e reconhecidos nos processos avaliativos, para o ingresso e para o decorrer do período de escolarização.

Após a promulgação da LDB, o Conselho Nacional de Educação (CNE) publicou o Parecer CNE/CEB nº 5, de 7 de maio de 1997, propondo regulamentações dessa Lei para toda a Educação Básica e, em relação à EJA, trazendo a questão da denominação "Educação de Jovens e Adultos" e "Ensino Supletivo". O Parecer definiu, ainda, os limites de idade para que jovens e adultos se submetam a exames supletivos: 15 anos para Ensino Fundamental e 18 para Ensino Médio. Esclareceu, também, sobre as competências dos sistemas de ensino em relação a essa modalidade e sobre as possibilidades de certificação para jovens e adultos.

Nesse contexto de renovação legislativa, no início do presente século, o Plano Nacional de Educação (PNE) foi sancionado pelo presidente da República, por meio da Lei nº 10.172/2001. A ideia de um Plano Nacional surgiu com o Movimento dos Pioneiros da Educação Nova, e foi consolidada com o Manifesto de 1932. Artigos da Constituição de 1934 afirmam que compete à União a fixação de

> Publicado em vários órgãos da imprensa brasileira no dia 19 de março de 1932, o documento intitulado *A reconstrução educacional no Brasil: ao povo e ao governo* divulgou os ideais dos chamados Pioneiros da Educação, intelectuais que se dedicavam à educação. Esse documento iniciava um movimento de renovação educacional brasileiro e tinha como propósito a defesa de princípios gerais que pretendiam modernizar o sistema educativo e a sociedade brasileira, produzindo um marco fundador no debate educativo, contestando a escola tradicional e abrindo um novo caminho na direção de uma nova escola. Assinaram esse manifesto Fernando de Azevedo, Afrânio Peixoto, Anísio Spínola Teixeira, M. Bergström Lourenço Filho, Roquette Pinto, Cecília Meireles, Paschoal Lemme, dentre outros. A íntegra desse documento pode ser consultada no *site*: <http://www.dominiopublico.gov.br/download/texto/me4707.pdf>.

um Plano Nacional de Educação e atribuem ao Conselho Nacional de Educação essa incumbência. De acordo com Mendonça (2002, p. 14), "excetuando a Constituição de 1937, produto do golpe de Estado que instalou o Estado Novo, todas as demais constituições incluíram a ideia de um Plano Nacional de Educação".

Esse primeiro PNE previa objetivos e metas fundamentais para os diferentes níveis de ensino, além de ações a serem executadas na Educação de Jovens e Adultos, Educação Tecnológica e Formação Profissional, Educação Especial, Educação Indígena e Magistério. Nas vinte e seis metas dedicadas à EJA, o PNE estabeleceu como propósito a alfabetização de dez milhões de jovens e adultos num prazo de cinco anos e a erradicação do analfabetismo em dez anos. O PNE ainda determinou que o ensino correspondente aos anos iniciais do nível fundamental fosse assegurado a 50% da população com quinze anos ou mais e que, em uma década, a contar do ano em que a Lei foi sancionada, todos nessa faixa etária deveriam ter concluído o Ensino Fundamental.

Esse Plano recomendava que as experiências de sucesso na alfabetização de jovens e adultos fossem utilizadas como referência para a criação de programas de âmbito nacional e que todo espaço e potencial de trabalho fossem empregados na efetivação dessas metas, incluindo a atribuição de créditos curriculares a estudantes dos cursos normais e de universidades que participassem dessas iniciativas. Outra recomendação do Plano dizia respeito aos esforços que deveriam ser empreendidos na expansão de programas de educação a distância e de projetos permanentes em empresas públicas e privadas para a escolarização de todos os jovens e adultos.

Ainda se esperava o estabelecimento de parâmetros curriculares nacionais para as diversas etapas da Educação de Jovens e Adultos, o que não aconteceu. Ainda assim, nos últimos anos temos registrado um crescimento nas determinações legais para essa modalidade de ensino. Dentre essas determinações, estão as Diretrizes Curriculares Nacionais, estabelecidas pela Resolução CNE/CEB nº 1, de 5 de julho de 2000, que obrigatoriamente deverão ser

> observadas na oferta e na estrutura dos componentes curriculares de ensino fundamental e médio dos cursos que se desenvolvem, predominantemente, por meio do ensino, em instituições próprias e integrantes da organização da educação nacional nos diversos sistemas de ensino, à luz do caráter próprio desta modalidade de educação (Brasil, 2000d, art. 1º).

As diretrizes ainda indicam de quem é a responsabilidade por essa oferta, ao declarar que

> cabe a cada sistema de ensino definir a estrutura e a duração dos cursos da Educação de Jovens e Adultos, respeitadas as diretrizes curriculares nacionais, a identidade desta modalidade de educação e o regime de colaboração entre os entes federativos (Brasil, 2000d, art. 6º).

Precedendo as diretrizes, o Parecer nº 11 de 10 de maio de 2000, do Conselho Nacional de Educação/ Câmara da Educação Básica, já consolidava o entendimento de que a EJA "usufrui de uma especificidade própria que, como tal, deveria receber um tratamento consequente" (Brasil, Parecer CNE/CEB nº 11/2000, p. 2). Para tanto, o Parecer indicou a importância de que se considere um processo de reorientação curricular nas turmas da EJA, a ser definido no âmbito de cada secretaria de educação, seja ela estadual, seja municipal. Além disso, o documento define que tanto nos sistemas de ensino quanto nas instituições e escolas que atendem à EJA devem ser observadas as funções reparadora, equalizadora e qualificadora dessa modalidade de ensino na discussão das propostas curriculares.

O relator do Parecer, prof. Carlos Roberto Jamil Cury, ao apresentar a função reparadora da EJA, relembra a exclusão historicamente vivida pela maioria da população brasileira, afirmando que "desta negação, evidente na história brasileira, resulta uma perda: o acesso a um bem real, social e simbolicamente importante" (BRASIL, Parecer CNE/CEB nº 11/2000, p. 7). Reconhece que o acesso a uma escola de qualidade não representa apenas a restauração de um direito negado, mas o reconhecimento de igualdade de todo ser humano, em qualquer situação. Para ele, essa noção não deve ser confundida com a ideia de suprimento ou reposição.

Sobre a função equalizadora, o relator destaca a importância de se estender a EJA a todos os trabalhadores, a diferentes segmentos sociais, às donas de casa, migrantes, aposentados, proporcionando-lhes o retorno ao sistema educacional, forçados que foram, por diferentes motivos, a interromper sua trajetória escolar. A educação deve, para eles, possibilitar novas inserções no mercado e maior participação na vida social.

E, ainda acerca da função qualificadora, o Parecer prevê que a EJA propicie a atualização de conhecimentos, numa perspectiva de educação por toda a vida, tendo como base a ideia de que, como seres humanos, somos seres incompletos, em desenvolvimento e, portanto, em permanente educação, seja em espaços escolares, seja em instâncias não escolares.

> *Na base da expressão potencial humano sempre esteve o poder se qualificar, se requalificar e descobrir novos campos de atuação como realização de si. Uma oportunidade pode ser a abertura para a emergência de um artista, de um intelectual ou da descoberta de uma vocação pessoal. A realização da pessoa não é um universo fechado e acabado. A função qualificadora, quando ativada, pode ser o caminho destas descobertas (Brasil, Parecer CNE/CEB nº 11/2000, p. 11).*

Os artigos 37 e 38 da atual LDB, acompanhados pelas Diretrizes e o Parecer CNE/CEB nº 11/2000, concedem à EJA o reconhecimento e a amplitude de modalidade de ensino, não mais como um apêndice da Educação Básica, mas com a dignidade que lhe pertence por direito. Os mecanismos legais, entretanto, não são suficientes para garantir que o direito público subjetivo de todos à educação de qualidade seja concedido, efetivando o acesso e a permanência de jovens e adultos nas classes de EJA. O Brasil, ainda hoje, possui uma demanda potencial de alunos para a EJA superior ao número de matrículas efetivas nessa modalidade.

De acordo com o Censo de 2010, temos cerca de 65 milhões de pessoas com quinze anos ou mais que não concluíram o Ensino Fundamental e 22 milhões com dezoito anos ou mais que, mesmo tendo concluído o Ensino Fundamental, não concluíram o Ensino Médio. Em relação às matrículas, os números divulgados pelo Censo Escolar de 2013 e pelo MEC mostram que nas escolas das redes públicas estadual e municipal que atendem à EJA no Brasil estão matriculados 3.102.816 estudantes e que, desse total, cerca de 69,1%, ou seja, 2.143.063, estão no Ensino Fundamental e 959.753 (30,9%) estão no Ensino Médio. Esses números mostram uma redução das matrículas em classes oficiais que ofertam a EJA, se comparados com os de 2012, que registraram 3.906.877 jovens e adultos matriculados.

Uma longa caminhada ainda precisa ser percorrida por aqueles que atuam e militam na EJA. O cenário até aqui descrito denuncia a insuficiência de nossas ações e programas frente às demandas reais existentes. Essa insuficiência é evidente não apenas na realidade de quem, no dia a dia, pisa o chão da EJA, mas também nos relatórios nacionais e internacionais.

De acordo com o relatório da Unesco, *Education For All: Global Monitoring Report* (Unesco, 2014a), o número de adolescentes, jovens e adultos em situação de analfabetismo no Brasil não se alterou nos últimos anos. Esse relatório informa ainda que no mundo "um quarto dos jovens entre 15 e 24 anos em países pobres não consegue ler uma frase sequer [...] e que 774 milhões de adultos são

CAPÍTULO II – O CONTEXTO ACADÊMICO DA EJA

analfabetos – dois terços, são mulheres" (p. 12). Um índice preocupante para os dias atuais em que vivenciamos uma era de grandes avanços nas comunicações e tecnologias.

No Brasil, os dados também são alarmantes. Com cerca de 13 milhões de analfabetos adultos, estamos entre os dez países que respondem por 72% dos analfabetos no mundo, ocupando o oitavo lugar de uma lista que coloca à nossa frente países como Egito, Etiópia, Nigéria, Bangladesh, Paquistão, China e Índia. Esses dados revelam que as ações pensadas para a redução dos índices de analfabetismo nesses países não foram suficientes e que, mais que construir metas, é necessário estabelecer indicadores para o controle, avaliação e monitoramento dessas ações e programas.

O relatório reconhece a necessidade de maiores investimentos na formação dos educadores que terão à sua frente jovens e adultos em situação de alfabetização e de aprendizagem. O documento dedicou um capítulo inteiro a essa discussão e aponta que as melhorias virão com um trabalho que inclua "desenvolver o potencial dos professores" (Unesco, 2014a, p. 52). Sobre esse assunto, trataremos num capítulo mais à frente.

Numa tentativa de síntese, apresentamos no quadro adiante a indicação das determinações legais que imprimiram um novo ritmo às discussões acerca do atendimento a jovens e adultos, de 2000 até a presente data, na oferta de escolarização e de formação profissional a partir das Diretrizes Curriculares Nacionais para a Educação de Jovens e Adultos.

CAPÍTULO II – O CONTEXTO ACADÊMICO DA EJA

Parecer do Conselho Nacional de Educação (CNE)/Câmara de Educação Básica (CEB) nº 11, de 10 de maio de 2000.	Ocupou-se da especificidade das Diretrizes Curriculares Nacionais para a EJA.
Resolução CNE/CEB nº 1, de 5 de julho de 2000.	Estabeleceu as Diretrizes Curriculares Nacionais para a EJA.
Parecer CNE/CEB nº 36, de 7 de dezembro de 2004.	Apreciou a indicação que propõe a reformulação das Diretrizes Curriculares Nacionais para a EJA.
Resolução CNE/CEB nº 1, de 3 de fevereiro de 2005.	Atualizou as Diretrizes Curriculares Nacionais definidas pelo CNE para o Ensino Médio e para a Educação Profissional Técnica de nível médio às disposições do Decreto nº 5.154/2004.
Parecer CNE/CEB nº 2, de 16 de março de 2005.	Apreciou o Programa Nacional de Inclusão de Jovens (Projovem): Educação, Qualificação e Ação Comunitária.
Portaria MEC nº 2.080, de 13 de junho de 2005.	Estabeleceu, no âmbito dos Centros Federais de Educação Tecnológica, Escolas Técnicas Federais e Escolas Agrotécnicas Federais, as Diretrizes para a oferta de cursos de formação profissional de forma integrada ao Ensino Médio na modalidade EJA.
Lei nº 11.129, de 30 de junho de 2005.	Instituiu o Projovem, criou o Conselho Nacional da Juventude (CNJ) e a Secretaria Nacional da Juventude.
Parecer CNE/CEB nº 20, de 15 de setembro de 2005.	Incluiu a EJA, conforme previsão no Decreto nº 5.478/2005, como alternativa para a oferta de Educação Profissional Técnica de nível médio de forma integrada com o Ensino Médio.
Parecer CNE/CEB nº 29, de 24 de novembro de 2005.	Apreciou as minutas do Acordo de Cooperação Técnica entre o Ministério da Educação e as organizações do "Sistema S" para a oferta do Programa Nacional de Integração da Educação Profissional com a Educação Básica na modalidade de Educação de Jovens e Adultos (Proeja).
Parecer CNE/CEB nº 37, de 7 de julho de 2006.	Aprovou diretrizes e procedimentos técnico-pedagógicos para a implantação do Projovem.
Decreto nº 5.840, de 13 de julho de 2006.	Instituiu o Proeja.

CAPÍTULO II – O CONTEXTO ACADÊMICO DA EJA

Lei n° 11.494, de 20 de junho de 2007.	Regulamentou o Fundo de Manutenção e Desenvolvimento da Educação Básica e de Valorização dos Profissionais da Educação (Fundeb).
Lei n° 11.692, de 10 de junho de 2008.	Regulamentou o Projovem.
Lei n° 11.741, de 16 de julho de 2008.	Alterou dispositivos da LDB, com o objetivo de integrar e institucionalizar as ações da Educação Profissional Técnica de nível médio, da Educação de Jovens e Adultos e da Educação Profissional e Tecnológica.
Parecer CNE/CEB n° 23, de 8 de outubro de 2008.	Avaliou as Diretrizes Operacionais para a EJA, definindo duração dos cursos, idade mínima para ingresso, idade mínima para a certificação nos exames de EJA e oferta por meio da Educação a Distância.
Decreto n° 6.629, de 4 de novembro de 2008.	Regulamentou o Projovem.
Resolução do Conselho Deliberativo do Fundo Nacional de Desenvolvimento da Educação (FNDE) n° 51, de 16 de setembro de 2009.	Dispôs sobre o Programa Nacional do Livro Didático para Educação de Jovens e Adultos (PNLD-EJA).
Parecer CNE/CEB n° 4, de 9 de março de 2010.	Apreciou a necessidade de Diretrizes Nacionais para oferta de EJA em situação de privação de liberdade nos estabelecimentos penais.
Resolução CNE/CEB n° 2, de 19 de maio de 2010.	Dispôs sobre as Diretrizes Nacionais para a oferta de EJA em situação de privação de liberdade nos estabelecimentos penais.
Parecer CNE/CEB n° 6, de 7 de abril de 2010.	Revisou o Parecer CNE/CEB n° 23/2008, relativo a Diretrizes Operacionais para a EJA.
Resolução CNE/CEB n° 3, de 15 de junho de 2010.	Instituiu as Diretrizes Operacionais para a EJA, definindo duração dos cursos, idade mínima para ingresso, idade mínima para a certificação nos exames de EJA e oferta por meio da Educação a Distância.
Lei n° 13.005, de 25 de junho de 2014.	Aprovou o Plano Nacional de Educação (PNE).

CAPÍTULO II – O CONTEXTO ACADÊMICO DA EJA

A 1ª edição da Conae foi em abril de 2010. A 2ª Conae, a ser realizada em novembro de 2014, é organizada pelo Fórum Nacional de Educação (FNE) e tem como tema "O PNE na articulação do sistema nacional de educação: participação popular, cooperação federativa e regime de colaboração". Para conhecer o documento-base, visite o *site* <http://conae2014.mec.gov.br/>.

É importante aqui fazermos um destaque para o último dispositivo legal apresentado no quadro, a Lei nº 13.005, sancionada pela presidente Dilma Rousseff em 25 de junho de 2014, que aprovou o Plano Nacional de Educação (PNE), para uma vigência de 10 anos, a contar da data da sua promulgação. Esse Plano tramitou no Congresso por quatro anos até sua aprovação e foi amplamente discutido pela sociedade por meio das Conferências Nacionais de Educação (Conae).

A partir de diretrizes gerais, o Plano estabelece vinte metas a ser cumpridas nesse prazo de dez anos, prevendo estratégias para a sua realização que contemplam desde a Educação Infantil até o Ensino Superior, a gestão e o financiamento da educação, além da formação dos profissionais da educação. Dessas vinte metas que compõem o Plano, três estão diretamente relacionadas à alfabetização e à educação de jovens e adultos:

Meta 8: elevar a escolaridade média da população de 18 (dezoito) a 29 (vinte e nove) anos, de modo a alcançar, no mínimo, 12 (doze) anos de estudo no último ano de vigência deste Plano, para as populações do campo, da região de menor escolaridade no País e dos 25% (vinte e cinco por cento) mais pobres, e igualar a escolaridade média entre negros e não negros declarados à Fundação Instituto Brasileiro de Geografia e Estatística (IBGE).

Meta 9: elevar a taxa de alfabetização da população com 15 (quinze) anos ou mais para 93,5% (noventa e três inteiros e cinco décimos por cento) até 2015 e, até o final da vigência deste PNE, erradicar o analfabetismo absoluto e reduzir em 50% (cinquenta por cento) a taxa de analfabetismo funcional.

Meta 10: oferecer, no mínimo, 25% (vinte e cinco por cento) das matrículas de educação de jovens e adultos, nos ensinos fundamental e médio, na forma integrada à educação profissional. (Brasil, 2014, p. 5)

Vale destacar também as metas que fazem referência específica à valorização da carreira do professor que, além de propor a aproximação do rendimento médio do profissional do magistério com o dos demais profissionais com escolaridade equivalente (Meta 17), busca ainda assegurar para os profissionais do magistério, em todos os sistemas de ensino, planos de carreira compatíveis com as demandas da profissão, o que deverá ser feito num prazo de dois anos (Meta 18).

Para garantir a educação básica a todos que a ela não tiveram acesso na idade apropriada ou aos que não tiveram a oportunidade de concluí-la, é essencial dar prioridade à alfabetização de jovens e adultos, entendida aqui no sentido mais amplo, conforme defendia Paulo Freire, ou seja, como processo pelo qual todos têm acesso aos instrumentos básicos de letramento, cultura, conhecimentos matemáticos e história da humanidade. Para que isso ocorra, é importante traçar metas e estratégias, definir funções e responsabilidades para a EJA, o que tem sido feito pela legislação brasileira. É, entretanto, essencial construir mecanismos de controle e acompanhamento dessas prescrições legais e oferecer, efetivamente, condições materiais e de pessoal para que elas se cumpram, seja no âmbito local, nos municípios, seja em âmbito nacional.

Outra medida urgente refere-se ao combate à evasão escolar, tão comum em classes de jovens e adultos, e que é muitas vezes passivamente tolerada por educadores, escolas e sistemas de ensino. São muitos os motivos dessa evasão: desde a necessidade de trabalhar para complementar a renda ou manter o sustento da família, até a baixa qualidade do ensino (evidenciada no despreparo dos professores para lidar com uma classe caracterizada por diversidade geracional entre seus alunos, na inadequação dos materiais didáticos e na precariedade do espaço destinado à EJA). São diversos os fatores que desestimulam os alunos da EJA a frequentar as salas de aulas, aumentando os números de evasão e infrequência, que consideramos como sinônimos da desistência de quem já foi excluído e marginalizado em outros momentos.

Essa é uma situação que não podemos admitir. É preciso mobilizar alunos, pais, educadores e dirigentes escolares na conscientização de que esse fenômeno é resultado de um construto social complexo e relacionado a questões identitárias e à construção e ressignificação das práticas educativas com jovens e adultos (Pedralli; Cerutti-Rizzatti, 2013).

Para a desistência, e tantos outros problemas ainda enfrentados por aqueles que frequentam as classes de EJA e por aqueles que defendem uma educação com qualidade social para jovens e adultos, urge a instituição de políticas públicas que garantam o direito à educação a quem foi cultural e socialmente excluído.

Capítulo III

Os sujeitos da EJA

Os sujeitos da EJA

1. Os sujeitos da EJA:
o professor e sua formação

A educação de adultos tem sido tema de constantes debates nos fóruns que problematizam a educação brasileira, em razão, dentre outros fatores, da experiência de analfabetismo que o País viveu até pouco tempo e da negligência histórica, como apontado no capítulo primeiro, para com a massa de trabalhadores rurais e urbanos por todo o século XX. A educação para o povo, em certo aspecto, é pensada, oferecida e justificada pelas elites e sua intelectualidade como meio necessário aos fins a que essas capas sociais estão destinadas. As expressões "educação do povo" ou "educação popular" traduzem a ideologia social que atende a exigências dos programas políticos de plantão.

Um elemento importante nessa discussão é que a educação de adultos sempre foi realizada de maneira informal. Somente em alguns momentos da história, a expressão "para o povo", "comum" ou "popular" foi relacionada à organização do sistema educacional formal – quando do nascimento da escola elementar para todos, expressa na figura da instituição chamada Grupo Escolar. Conforme Beisiegel (2008), na década de 1940 foram empreendidos os primeiros movimentos para uma educação

CAPÍTULO III – OS SUJEITOS DA EJA

de massa. Antes, o sistema de ensino não conseguia dar conta de socializar a cultura letrada ao povo.

O acesso ao ensino oferecido à massa de adultos analfabetos inicia-se no período populista da Era Vargas (1930-1945). Já em 1947, o governo de Eurico Gaspar Dutra (1946-1951) promovia uma campanha para adultos com intuito de tornar a educação fundamental comum a todos os brasileiros do campo e das cidades.

> A educação de base era entendida como o processo educativo destinado a proporcionar a cada indivíduo os instrumentos indispensáveis ao domínio da cultura de seu tempo, em técnicas que facilitassem o acesso a essa cultura – como a leitura, a escrita, a aritmética elementar, noções de ciências, de vida social, de civismo, de higiene – e com os quais, segundo suas capacidades, cada homem pudesse desenvolver-se e procurar o melhor ajustamento social. (Beisiegel, 2008, p. 29)

Ao longo do século XX, no Brasil, esses esforços para possibilitar a educação de adultos acompanharam-se de momentos de iniciativas informais, por meio de projetos governamentais de incentivo à sociedade civil para responsabilizar-se pela educação de seus concidadãos. Chegamos ao final do século com a inclusão da Educação de Jovens e Adultos na Lei de Diretrizes e Bases da Educação Nacional, conforme já tratamos. Pela LDB, o País enfim reconhece essa modalidade de educação, assumindo como responsabilidade do Estado prover todos os meios para sua promoção. Dentre essas responsabilidades, está a de preparar professores para atender a essa população escolar. Nesse contexto, a

CAPÍTULO III – OS SUJEITOS DA EJA

formação do professor configura-se como tema necessário na discussão da EJA. Neste item, trataremos das questões que norteiam esse tema.

1.1. A formação dos educadores de jovens e adultos: inicial e continuada

No cenário educacional, a figura do professor tem sido uma temática recorrente do debate nacional, em especial nos anos 1990, por meio das reformas educacionais. Este sujeito é, sem dúvida, elemento importante no desenvolvimento das práticas de ensino e na implementação das reformas educacionais, geralmente impostas pelos governantes, que repercutem significativamente na sua profissionalidade. A despeito dessa importância, o professor vem, já há algum tempo, sofrendo com a desvalorização social de seu trabalho. Os pesquisadores procuram, em suas investigações, compreender o fenômeno. Para Sacristán (1995), a profissão docente é uma *semiprofissão*, por receber imposições advindas das instâncias políticas e administrativas superiores à escola. A autonomia que é dada ao docente fica restrita ao âmbito das políticas educacionais, que o levam a cumprir determinações prescritas nos documentos oficiais, nos livros didáticos, em outros materiais e nos projetos político-pedagógicos, sobre os quais tem pouca ingerência. Essa restrição na autonomia docente incide diretamente no prestígio social dessa profissão, pois essa perda representa a visão de um profissional submetido à autoridade de outras instâncias, como o Estado, por exemplo.

A política de remuneração dos professores – nunca adequada à proporção do trabalho realizado – leva à precarização do seu trabalho, uma vez que os obriga a trabalhar em mais de um turno escolar e, muitas vezes, em mais de uma escola.

Há consenso entre os analistas e militantes da educação ao reconhecer que a docência tem sido jogada à condição de *semiprofissão* por questões relacionadas à falta de autonomia didático-pedagógica e a outras mazelas que afligem a profissão. Entre outras coisas, falta um código profissional que regulamente a profissão, esfumada pela mística da profissão docente construída na ideologia religiosa (em especial relacionada ao seu caráter vocacional), pela dispersão de sua função na escola atual, pela impotência do professor frente à pluralidade de demandas, de sujeitos e de culturas. Esse caleidoscópio de fatores contribui para que a docência seja cada dia menos considerada como profissão.

Diante desse quadro, é necessária a implementação de mecanismos que atribuam empoderamento à categoria, tendo em vista a revalorização social da profissão do professor, o domínio de diversas habilidades e competências (mais adequadas aos tempos modernos, marcados pela flexibilidade dos contextos, pela agilidade nas informações e pela complexidade das relações), a construção de conhecimentos e habilidades específicas do processo educativo, a socialização dos valores da profissão e certo grau de autonomia em relação ao Estado.

O conjunto dos atributos inerentes à prática de uma profissão relaciona-se a comportamentos, conhecimentos, habilidades, atitudes, valores e crenças. O exercício da atividade educativa é influenciado pelo modo de ser, de agir, de pensar dos professores e também por sua origem social. Desse modo, a profissionalidade docente liga-se diretamente à prática escolar, à definição da função social do professor, que tem sido modificada com as novas expectativas postas sobre a escola e também sobre o seu trabalho.

Outros aspectos fazem parte da discussão sobre a profissão docente, como as questões políticas e sociais que constituem a carreira e a categoria docente, a remuneração, a excessiva carga de trabalho, as novas funções delegadas a esses profissionais, a proletarização, a alienação profissional e a perda de *status* na sociedade.

A proletarização observada por Contreras (2002) faz com que os professores se aproximem cada vez mais da classe operária. Esse fato pode ser claramente percebido nas políticas educacionais concebidas nesses tempos de neoliberalismo, as quais, baseadas no modelo das competências e do desempenho, transformam os professores em meros executores de tarefas para atingir determinadas metas.

Em razão da variedade de tarefas a serem realizadas dentro e fora da sala de aula, como a elaboração de programas, projetos e conteúdos, da necessidade de assumir várias turmas e vários turnos de trabalho, o trabalho docente fica reduzido à dimensão das tarefas que precisam ser realizadas todos os dias. Isso provoca um processo alienante que pode ser percebido na perda de capacidade de reflexão sobre o seu trabalho e no intenso desgaste físico, mental e emocional que causa o adoecimento do professor.

Ver o trabalho de Maria Márcia Bicalho Noronha, Ada Ávila Assunção e Dalila Andrade Oliveira: "O sofrimento no trabalho docente: o caso das professoras da rede pública de Montes Claros, Minas Gerais." In: *Trabalho, Educação e Saúde*, Rio de Janeiro, vol. 6, n. 1, p. 65-85, mar./jun. 2008.

Quanto aos professores que atuam na Educação de Jovens e Adultos, podem-se acrescentar outras implicações, tais como a diversidade de públicos (uma vez que suas classes são compostas por alunos de faixas etárias variadas, desde os 15 anos até os 70), de universos culturais e visões de mundo, de tempo de escolarização e de concepção de escola. São elementos que interferem na prática docente do professor da EJA. No que pese a esses enfrentamentos da prática, temos o desafio de pensar a formação do professor não de maneira segmentada, uma vez que o professor que atua na EJA também atua em outros segmentos da Educação Básica – da Educação Infantil ao Ensino Médio da escolaridade comum. Dessa forma, o que se segue na discussão abaixo sobre a formação, a carreira e as práticas educativas dizem respeito à formação do professor de maneira genérica.

a) **Dimensões da Formação**

Para formar os cidadãos dessa nova sociedade, é preciso repensar o contexto de formação docente, haja vista que os professores são os profissionais, entre outros agentes, que estão diretamente envolvidos no processo de formação das novas gerações.

Os estudos sobre formação de professores multiplicaram-se nos últimos tempos, apontando diferentes maneiras de se compreender os processos dessa formação. Segundo André (2010), há pesquisadores que tratam do tema a partir da concepção dos processos de aprendizagem da docência; outros trabalham com a perspectiva da formação como um processo de desenvolvimento contínuo que se inicia ainda na experiência escolar e segue ao longo da vida. Há também aqueles que a concebem a partir das habilidades adquiridas ou aperfeiçoadas nos processos de formação inicial ou continuada.

Sobre os princípios para a formação de professores, Pérez Gómez (1995) aponta que eles são determinados pela concepção que se tem de escola, de ensino e de currículo em voga em cada época. A partir de cada uma dessas concepções, são formulados conceitos com o objetivo de definir a profissão docente, a escola e o ensino. São comuns as metáforas do professor como transmissor de conhecimentos, como técnico, como executor de tarefas, como aquele que toma decisões, que resolve problemas ou que reflete sobre sua prática, que desenvolve pesquisas a partir do seu cotidiano etc. Essas imagens refletem o conceito de escola, de ensino, de transmissão do conhecimento e de aprendizagem de cada época.

Com relação ao currículo da formação inicial de professores, García (1999) o conceitua como o conjunto de conteúdos e passos sequenciais que irão balizar a formação dos futuros professores. Ele é elaborado por instituições dotadas de um saber-fazer com a finalidade de preparar os futuros professores para exercer as atividades profissionais, de autorizá-los, por meio do certificado, a desempenhar suas funções e também de reproduzir a cultura dominante. As orientações presentes no currículo influenciarão no modelo de professor que está se formando para atuar na sociedade. O autor destaca cinco orientações conceituais na formação de professores: a acadêmica, a tecnológica, a personalista, a prática e a crítica, que se refletirão em imagens do professor como técnico, como especialista, como pessoa, como investigador, como crítico, como alguém que reflete sobre a prática.

Para Diniz-Pereira (2000), as mudanças ocorridas no plano internacional no final da década de 1980 influenciaram as discussões sobre esse tema no cenário brasileiro. A discussão passou a ter destaque em nosso país a partir do final dos anos 1970 e início da década de 1980. Nessa época, estavam em discussão a reformulação dos cursos de pedagogia e de licenciatura e a necessidade de uma nova LDB e de uma reforma educacional.

Ao longo de todo esse tempo, surgiram várias concepções a respeito do tema. Nos anos 1970, por exemplo, o professor era visto como "organizador dos componentes do processo de ensino-aprendizagem" (Diniz-Pereira, 2000, p. 16). A educação é vista sob a ótica funcionalista, voltando-se para os métodos de treinamento de professores.

Nos anos 1980, discutia-se o papel político do professor e da escola como agentes transformadores da realidade. Podemos perceber, nesse momento, uma crítica de cunho marxista voltada à realidade educacional brasileira. Questões relacionadas à desvalorização da profissão docente também foram apresentadas nos estudos sobre formação de professores.

Já nos anos 1990, o professor é apresentado como pesquisador, cuja formação se dá por meio da prática reflexiva. Ou seja, o professor reflete sobre sua prática, preparando-se assim para agir diante de situações inesperadas, que tanto caracterizam o ambiente da sala de aula. Trata-se de

> Sobre a concepção de professor reflexivo, que chega ao debate brasileiro nos anos 1990 e se torna quase que um mantra nos textos sobre formação de professores, Selma Garrido Pimenta, com um grupo de pesquisadores de São Paulo e Goiás, produz reflexões e questionamentos sobre o uso desse conceito no discurso educacional e na produção científica brasileira. Confira S. G. Pimenta; E. Ghedin (orgs.). *Professor Reflexivo no Brasil: gênese e crítica de um conceito*. São Paulo: Cortez, 2002.

Capítulo III – Os sujeitos da EJA

uma concepção que se opõe à perspectiva de formação ligada à racionalidade técnica em que o professor detém, previamente, um repertório limitado e suficiente para agir nas situações – pré-definidas – de ensino-aprendizagem.

Desse modo, há uma sensível mudança em relação ao papel do professor: nos anos 1970, o professor como técnico; nos anos 1980, o professor inserido num contexto sociopolítico, devendo intervir nas questões que o cercam; na década de 1990, a proposta de reflexão sobre a prática, modificando a realidade da sala de aula por meio da pesquisa. É, pois, nesse período que a EJA se torna um tema educacional importante, como apontamos no Capítulo I. Pode-se dizer que os professores modelados nesses três movimentos formativos constituíram sua docência tomando a educação de adultos como importante matriz, muito proximamente ao pensamento de Paulo Freire, que embalava as práticas pedagógicas alternativas de movimentos sociais e ONGs, quando não de parte do sistema educacional e das redes de ensino em diversas regiões do País.

b) O professor visto como um técnico na sala de aula

A perspectiva de formação de professores como técnico tem sua origem, de acordo com Pérez Gómez (1995), na concepção epistemológica da prática, advinda do positivismo. Por ela, os profissionais

> *são aqueles que solucionam problemas instrumentais, selecionando os meios técnicos mais apropriados para propósitos específicos. Profissionais rigorosos solucionam problemas instrumentais claros, através da aplicação da*

> *teoria e da técnica derivadas de conhecimento sistemático, de preferência científico (Schön, 2000, p. 15).*

A atividade profissional é vista como uma aplicação de técnicas para a solução dos problemas surgidos na prática. O professor é visto como um especialista que, ao deter um manual de conhecimentos necessários, adquiridos durante a sua formação, está apto a identificar e resolver, sem dificuldades, esses problemas.

O docente não possui autonomia para tomar decisões ou fazer julgamentos, devendo cumprir aquilo que lhe é imposto pelas instâncias responsáveis pela produção do conhecimento. Por isso, ele é visto como simples aplicador de regras e preceitos, sem a possibilidade de refletir ou questionar aquilo que lhe é estabelecido.

A academia e a pesquisa denominaram essa perspectiva formativa como racionalidade técnica na produção do conhecimento, pois há uma relação de distanciamento entre aqueles que o produzem e aqueles que o aplicam, ou seja, os professores, aplicadores do conhecimento, são subordinados aos produtores desse saber, os teóricos da universidade ou os autores de livros didáticos.

Há também o distanciamento entre a investigação e a prática, porque, em geral, os produtores do conhecimento, distantes da sala de aula e de seus verdadeiros problemas, propõem soluções que não se aplicam a determinadas situações. A sala de aula, como todos os ambientes profissionais, é pautada por relações humanas que implicam ocorrências inesperadas, para as quais, muitas vezes, não há uma "receita" que possa solucioná-las.

Assim, temos o ensino centrado no conhecimento técnico, a investigação na perspectiva do processo-produto, a visão do professor como técnico e a formação de professores nos moldes da competência (Pérez Gómez, 1995). É importante observar aqui a influência de instituições internacionais, como o Banco Mundial (Bird), que financiam as reformas educacionais nos países em desenvolvimento, promovendo, inclusive, formação de professores. Nesse caso, embora mantenham um discurso de defesa da autonomia e da reflexão do professor, transformam-no em mero executor de ideologias esboçadas nas ordens impostas pelas exigências de apreensão de novas habilidades e determinadas competências aliadas aos interesses do mercado.

c) Os professores e a reflexão sobre a prática no contexto da sala de aula

Na formação de professores – inicial ou continuada –, a questão da prática é uma das mais enfatizadas, seja qual for a modalidade em que atuem os educadores. Na EJA, essa urgência torna-se mais dramática, em razão da indefinição de conteúdos e da precariedade das situações formativas que, nos currículos de formação, não preparam os professores para atuar nessa modalidade de ensino.

Nesse contexto, a prática torna-se uma obsessão para o professor que está entrando na carreira. O saber-fazer tem sido procura incansável desse profissional. É, pois, um componente importante no processo de formação. Pérez Gómez (1995) afirma que as críticas à racionalidade técnica na formação de professores levaram à criação de conceitos que têm a preocupação de pensar o professor como um profissional. Surgiram concepções do professor como investigador na sala de aula, do ensino como arte, do professor como um profissional clínico, do ensino baseado no planejamento e na tomada de decisão, do ensino como um processo interativo e do professor voltado para a prática reflexiva.

Todas essas concepções visavam superar a ideia do professor como técnico, que trabalha de forma mecanizada, executando seu trabalho sem nenhuma reflexão. A prática na sala de aula é pensada a partir dos problemas inesperados que surgem no dia a dia e da necessidade de resolver cada um deles de maneira diferente, visto não serem iguais. Há o desenvolvimento de estratégias e de novas maneiras de trabalhar para auxiliar os alunos em sua aprendizagem, de acordo com as possibilidades que a turma apresenta.

Donald Schön (1995) propõe a formação de professores a partir da reflexão sobre a prática e a percebe como algo que ajuda os estudantes a adquirir as habilidades necessárias para o desenvolvimento de suas atividades. Para o autor, essa reflexão comporta três instâncias: o conhecimento na ação, a reflexão na ação e a reflexão sobre a ação. Vejamos cada uma.

O autor parte do pressuposto de que todos possuem um conhecimento implícito, espontâneo e dirigido pela intuição, sendo difícil explicar como as pessoas executam determinadas atividades sem o conhecimento teórico (como, por exemplo, uma criança que sabe trocar dinheiro, mas não conhece as operações matemáticas. O conhecimento relaciona-se, nesse caso, com a ação, ou seja, com o saber-fazer; não a precede, mas está ligado a ela (Contreras, 2002). O professor precisa ir ao encontro do aluno, como um observador, prestando atenção para que possa compreender o seu processo de aprendizagem, ajudando-o na superação das dificuldades para que ele possa articular o conhecimento adquirido pela prática com os saberes escolares. Os docentes exercem, na sala de aula, muitas tarefas consideradas rotineiras e, por isso, possuem um conjunto de conhecimentos adquiridos em situações anteriores que são usados na resolução dessas tarefas. Num determinado momento, contudo, podem ser surpreendidos por uma situação que não pode ser solucionada com base apenas em seu repertório de conhecimentos. Assim, ele precisa refletir durante a ação para dar conta da solução. Também é possível que o docente, após a ocorrência de uma situação inesperada, queira refletir sobre o que aconteceu e sobre a atitude tomada. Temos aí a reflexão sobre a ação, por meio da qual o professor pode avaliar criticamente suas ações no sentido de aperfeiçoá-las (Perrenoud, 2002).

A prática é vista como um fator essencial na formação docente e todas as ações são pensadas em função dela, diferentemente do que acontece no modelo de formação baseado na racionalidade técnica em que se tem o contato com a prática ao final do curso de formação. Para Contreras (2002), a prática não é apenas a posse de um conjunto de conhecimentos profissionais que são explicitados em situações inesperadas, mas um sistema de valores que possui significados e limites que se relacionam com o contexto social em que o docente está inserido.

A reflexão sobre a prática auxilia no entendimento de que não basta ter domínio dos conteúdos das disciplinas que serão ministradas; é preciso ter conhecimento de outros saberes que ajudam o profissional na resolução de problemas e conflitos inesperados. Em vista disso, Contreras (2002) deixa claro que é preciso pensar a reflexão sobre a prática com um olhar crítico, que contemple as perspectivas política e social para que ocorra a mudança na prática, não apenas na sala de aula, mas também na escola e na comunidade em que ela está inserida.

Por essa abordagem de formação, o professor conquista uma certa autonomia profissional – relativa, porque está ligada aos aspectos do compromisso moral, do contexto social e da competência profissional, ou seja, o docente age de acordo com seus valores e experiências vivenciadas e não apenas com base nos conceitos aprendidos durante a sua formação. Em razão disso, a autonomia profissional relaciona-se com a capacidade de refletir sobre sua ação na prática e sobre os determinantes dessa ação. Essa habilidade está diretamente ligada à experiência, às competências e aos saberes profissionais.

d) O professor como pesquisador do contexto da prática

A formação de professores, pensada do ponto de vista da reflexão sobre a prática, liga-se à perspectiva do professor como um pesquisador da sua prática, ou seja, capaz de construir um conhecimento a partir da observação e reflexão sobre o seu cotidiano para solucionar problemas, orientando-se por uma atitude investigativa. Assim, a pesquisa passa a ser um componente fundamental para o desenvolvimento profissional do professor, a partir da articulação entre teoria e práticas educativas. Trata-se, no dizer de Lüdke (2004), de postura essencial para o desenvolvimento da atividade docente.

Nessa perspectiva, a prática docente é concebida como investigação e experimentação (Zeichner, 1995) e os professores se assumem como investigadores da sua própria prática. Além disso, a investigação oferece apoio para a organização do currículo da formação de professores.

Francisco Imbernón (2011, p. 79) expõe alguns passos dessa perspectiva de formação:

> *a) Os professores e professoras identificam um problema ou um tema de seu interesse a partir de uma observação ou uma conversa reflexiva; b) propõem formas diferentes de recolher a informação sobre o problema inicial, que pode implicar tanto um estudo bibliográfico como partir dos dados obtidos em sala de aula ou na escola; c) esses dados são analisados individualmente ou em grupo; d) por fim, são realizadas as mudanças pertinentes; e) e volta-se a obter novos dados e ideias para analisar os efeitos da intervenção realizada e continuar o processo de formação a partir da prática.*

Essa proposta de formação contribui para uma relação mais próxima entre os docentes, ajudando-os no processo de reflexão, na troca de conhecimentos e experiências que auxiliam na resolução dos problemas e nas tomadas de decisão em conjunto.

CAPÍTULO III – OS SUJEITOS DA EJA

O professor, de mero executor, pela atividade de pesquisa passa a ser visto como um artista que aperfeiçoa a sua prática por meio da experimentação e da observação crítica (Schön, 2000). A atividade investigativa torna-se um meio pelo qual o professor vai refletindo sobre a prática docente, aprimorando-a por intermédio das experimentações. Essa postura favorece uma mudança de currículo, considerando-se a ênfase na experimentação e na proposição de novas práticas pedagógicas que transformem os professores em protagonistas das ações e não simples repassadores de conteúdos. Nesse processo, o professor se constrói como sujeito de sua prática e de seu conhecimento, gerado a partir da associação entre teoria e prática, conforme nos aponta Paulo Freire (2008).

A docência é o exercício de ações com habilidades que já estão incorporadas na prática e que muitas vezes são realizadas de maneira inconsciente. No entanto, elas são passíveis de reflexão, de tornar consciente o saber-fazer para que possam ser aperfeiçoadas. O aperfeiçoamento ocorre quando se reflete sobre a prática educativa por meio de questionamentos. Para Contreras (2002, p. 119),

> O professor, como pesquisador de sua própria prática, transforma-a em objeto de indagação dirigida à melhoria de suas qualidades educativas. O currículo, enquanto expressão de sua prática e das qualidades pretendidas, é o elemento que se reconstrói na indagação, da mesma maneira que também se reconstrói a própria ação.

Assim, a reflexão constitui-se num meio de relacionar o conhecimento à ação no contexto da

CAPÍTULO III – OS SUJEITOS DA EJA

prática. E o conhecimento produzido por meio da prática e da reflexão auxilia o professor tanto no desenvolvimento dos trabalhos na sala de aula como na tarefa de aprendizagem dos alunos, além de propiciar modificações curriculares exigidas pelas demandas ocorridas na sala de aula e na escola. Para que isso aconteça, porém, o docente deve ter um olhar crítico e político diante da realidade escolar e de seus sujeitos.

e) Torno-me professor/a – a formação é contínua

Em oposição à racionalidade técnica, muitos pesquisadores defendem que a formação de professores deve contemplar pontos relacionados aos aspectos pessoais e profissionais do docente e também à escola. Os docentes, além de profissionais, são também pessoas que trazem consigo experiências, pois travam relações a todo momento com o outro e com o mundo. Essa vivência influencia o seu trabalho, constituindo sua forma de perceber seu entorno e suas ações.

Antônio Nóvoa (1995) endossa essa ideia, afirmando que o processo de formação vai além da simples aquisição das técnicas e conhecimentos, pois é também um espaço em que se desenvolvem a socialização e a construção profissional. A articulação entre os cursos de formação e a escola também é um fator que precisa ser considerado nesse quesito, pois privilegia a formação individual e coletiva por meio do contato entre professores em formação e professores experientes. Concebe-se, assim, a formação como um momento de socialização e da construção profissional, numa rede em que estão postos o desenvolvimento pessoal, o desenvolvimento profissional e o desenvolvimento organizacional da escola.

O desenvolvimento pessoal refere-se à possibilidade de o docente criar momentos para a sua própria formação. É necessário um investimento pessoal, pois é o professor quem decidirá os caminhos que percorrerá nesse processo e o que ele deseja aprender nesse momento.

A perspectiva crítico-reflexiva, segundo Nóvoa (1995), fornece um suporte para a formação que privilegia o desenvolvimento pessoal do professor, porque propicia aos docentes o pensamento autônomo, a reflexão sobre a sua prática e a própria construção de conhecimento e não apenas a transferência de um saber produzido na universidade levado para a escola sem nenhuma reflexão. Constrói-se, assim, um saber constituído individualmente, mas que abrange a coletividade docente, podendo ser modificado e repassado para os professores em formação e para os professores experientes e, assim, intervir na realidade da escola. A formação, para esse estudioso, deve percorrer o caminho do encontro com modelos e práticas de formação diversas e promover novas formas de relação dos professores com o saber pedagógico e científico (Nóvoa, 1995). Além disso, deve ser um processo contínuo e articulado ao dia a dia da escola. Os professores são produtores do conhecimento, dos saberes que se relacionam diretamente com a sua experiência e a sua identidade e, por isso, esses conhecimentos devem ser reconhecidos.

CAPÍTULO III – OS SUJEITOS DA EJA

O desenvolvimento profissional relaciona-se diretamente com a profissão docente e sua construção se dá na coletividade. Os professores são chamados a construir o conhecimento em conjunto e também a compartilhá-lo. Essa postura contribui para a sua autonomia no exercício da profissão.

O desenvolvimento organizacional fundamenta-se na produção da escola. Para ocorrer uma mudança em seu âmbito, é preciso que o docente se assuma como produtor da sua profissão e a escola como um espaço em que a formação e o trabalho devem caminhar juntos. A formação deve ser contínua e estar interligada às práticas curriculares e à troca de experiências.

O pensar a formação como experiências de aprendizagem em que se adquirem ou se aprofundam os conhecimentos e competências, permitindo a intervenção no currículo da escola, é a tônica dos movimentos de formação de professores atuais. Por isso, ela é vista como um processo que tem continuidade, iniciando-se no período da formação inicial e estendendo-se ao longo da carreira. Assim, o professor encontra-se permanentemente em formação. A noção de desenvolvimento para García (1995, p. 55) tem a conotação de um processo evolutivo que está em constante movimento, valorizando "os aspectos contextuais, organizativos e orientados para a mudança". A prática tem, nessa abordagem, um papel muito importante por ser considerada "um elemento de análise e reflexão do professor" (García, 1995, p. 53). É no contexto da prática que surgem problemas, dúvidas, dificuldades e situações inesperadas que precisam ser resolvidas com uma postura reflexiva, crítica e investigativa.

1.2. Valorização dos saberes docentes

Com relação à prática educativa, podemos dizer que ela está diretamente vinculada à profissionalidade e não se reduz à simples ação dos professores ou ao domínio de um determinado conhecimento no ambiente escolar. Ela se funde a outros contextos e ações do "ser professor", sendo denominada por Sacristán (1995) como práticas aninhadas que se constituem em práticas educativas antropológicas, em práticas institucionalizadas e práticas correntes.

A prática, para Perrenoud (1997), é formada por ações improvisadas e não premeditadas que são relativamente conscientes, mas não são escolhidas nem controladas pela razão. As ações são engendradas na prática a partir do planejamento do professor em torno das questões suscitadas pelos alunos e também pelas próprias reflexões durante o encaminhamento das atividades propostas. Trata-se, conforme o autor, de uma retomada dos hábitos da própria pessoa, ou seja, das ações, das experiências, dos pensamentos e das relações com outras pessoas. Relaciona-se com o *habitus* que se traduz num "sistema de esquemas de percepção e de *ação* que não está total e constantemente sob o *controle* da consciência" (Perrenoud, 1997 p. 21). É a partir do *habitus* que o docente toma as decisões diante das situações não esperadas que precisam de uma resposta imediata.

Dessa forma, a prática é constituída por várias ações de tomada de decisão, por isso não pode ser vista apenas como "seguir os passos de uma receita". Ela apresenta esquemas conscientes de ação, é influenciada pelo *habitus*, passa por mudanças, assim como o próprio *habitus*. Essas transformações provocam alterações nas formas de agir e de pensar.

Perrenoud (1997) afirma que a prática e os saberes estão associados, uma vez que o ato de ensinar representa a fabricação de saberes que possam ser ensinados, avaliados e adquiridos, implicando transformações, como corte, segmentação e simplificação, implementadas nas aulas, nas lições e em outros materiais. É um processo que prescinde de qualquer formação baseada em modelos ou materiais prontos para atender a demandas de professores inseridos em contextos diversos. A homogeneidade não só se torna um malefício, como mitiga a autonomia e "articidade" da aventura de ensinar.

Numa perspectiva brasileira, com base na experiência de pesquisadora e formadora de professores de diversas disciplinas, Selma G. Pimenta (1999) e seu grupo, desde a década de 1990, discutem amplamente os saberes da docência como uma construção do professor quando ele articula vários saberes – os advindos da experiência (ao longo da vida), o conhecimento acumulado pela ciência (conhecimento escolar/científico) e os saberes pedagógicos que são necessários para sua prática docente.

É necessário que o professor, de qualquer nível e modalidade de ensino – inclusa a EJA –, transforme os saberes sociais em saberes para ensinar, os saberes para ensinar em saberes ensinados e os saberes ensinados em saberes construídos para ele e para o grupo, formando uma coletividade de aprendizagem. Esses saberes reorganizados entre alunos e professores numa cooperação mútua passam a ser coletivos. Os saberes da sala de aula são construídos na ação, embora, por vezes, sejam oriundos de situações escolares artificializadas, por meio de atividades e trabalhos preestabelecidos pela agenda escolar institucional, mediante atribuição de notas.

Como vimos, a prática educativa e a profissionalidade são marcadas por vários saberes e pelo saber-fazer nas diversas atividades exercidas pelos professores, como ensinar, preparar aulas e avaliações, orientar as atividades e estudos. Para Tardif (2012), há uma profunda relação entre a prática dos educadores e os saberes, porque eles auxiliam os docentes durante a execução do seu trabalho e também na resolução de problemas em situações inesperadas. As relações e atividades que são desenvolvidas no trabalho, na família, na sociedade em geral, constituem esses saberes, os quais os ajudarão a lidar com os conflitos.

1.3. Os conhecimentos dos professores e sua relação com a formação

García (1995), ao defender a perspectiva de formação de professores fundada no seu desenvolvimento profissional, propõe que ela deva incidir na investigação sobre o pensamento do docente, sugerindo a união entre a formação docente e os conteúdos relacionados à disciplina e à prática pedagógica. O ensino fundamenta-se nos diferentes tipos de conhecimento que os professores possuem: o conhecimento psicopedagógico, o conhecimento do conteúdo, o conhecimento didático do conteúdo e o conhecimento do contexto (García, 1999).

CAPÍTULO III – OS SUJEITOS DA EJA

O conhecimento psicopedagógico refere-se ao ensino, à aprendizagem dos alunos, às técnicas didáticas, às teorias do desenvolvimento humano, à organização das classes, à história e à filosofia da educação, entre outros.

O conhecimento do conteúdo reporta-se aos conteúdos ensinados pelos docentes. Ele exerce influência no modo como ensinam e no que ensinam. Há a necessidade do domínio desse conhecimento para que o professor não venha a ensinar os conteúdos de maneira equivocada. Esse conhecimento contém vários componentes; García (1999), no entanto, destaca como mais importantes o conhecimento substantivo e o conhecimento sintático. O primeiro diz respeito aos tópicos gerais da disciplina, como os conceitos específicos, as definições. O conhecimento substantivo baliza o que deve ser ensinado e a partir de qual concepção teórica. No estudo de uma língua, por exemplo, o foco pode ser o da sociolinguística ou o da gramática tradicional. Já o segundo incide sobre o domínio do professor em relação aos modelos de investigação e às tendências e perspectivas no campo de pesquisa da disciplina. É importante ressaltar que, além do domínio do conhecimento do conteúdo, os professores necessitam conhecer as exigências do currículo e dos materiais didáticos.

O conhecimento didático do conteúdo é apresentado como o de maior importância no conhecimento dos professores. Relaciona-se ao conhecimento da matéria que será ensinada e aos procedimentos pedagógicos e didáticos de ensino. Esse tipo de conhecimento não é adquirido de maneira mecânica e também não pode ser aprendido nos cursos de formação, pelo fato de ser produzido a partir da experiência pessoal e da elaboração do modo de transformar o conteúdo em ensinamentos compreensíveis para os alunos, favorecendo a sua aprendizagem. O sentimento dos professores em relação aos conteúdos que são ministrados interfere na sua escolha para o ensino e também na forma de ensiná-lo.

Finalmente, o conhecimento do contexto se relaciona com o local em que se desenvolve o ensino e com as pessoas a quem ele é ministrado. Para cada turma, série e nível de ensino são feitas adaptações do saber a ser construído. Aspectos culturais, sociais, pessoais e históricos permeiam as atividades durante a aula. O professor precisa identificar todas essas variantes para direcionar o seu trabalho de acordo com as necessidades dos alunos naquele momento para ter um bom aproveitamento. Esses saberes são adquiridos na prática, na vivência do cotidiano escolar. Os professores que atuam na EJA, se não tomarem consciência desses elementos na sua formação, ficarão reféns cada vez mais de práticas modelares e de reproduções de práticas bem sucedidas, que, na maioria das vezes, nada têm a dizer aos seus alunos.

Adverte Pimenta (1999) que é preciso construir condições para, de um lado, superar esses saberes apriorísticos que as ciências da educação nos deixaram como herança e para, de outro, possibilitar a retomada da prática dos professores como ponto fundamental do trabalho formativo. Conforme a autora, "trata-se, portanto, de reinventar os saberes pedagógicos a partir da prática social da educação" (Pimenta, 1999, p. 25).

Esta formulação é uma síntese do discurso a respeito do estatuto científico da Pedagogia em relação à Educação, seu objeto específico de análise. Pimenta reafirma esse ponto e o caráter específico da ciência da educação – uma "ciência prática". Cf. S. G. Pimenta. Pedagogia, ciência da educação? 3ª ed. São Paulo: Cortez, 2001.

1.4. A formação do professor e a produção dos saberes

Os professores, vistos como profissionais, elaboram um conhecimento próprio, composto de vários saberes advindos de diferentes fontes, que podem ser tanto as experiências e vivências pessoais e sociais, como também o trabalho, as quais irão influenciar sua prática e constituir seu *habitus* (Tardif, 2012).

Para que esses saberes constituam um conhecimento com bases científicas, é preciso que estejam associados à reflexão. Maurice Tardif (2012) articula a formação de professores aos saberes produzidos pelos docentes, ou seja, às competências e ao saber-fazer adquiridos ao longo da experiência profissional, corroborando o conceito de desenvolvimento profissional proposto por Nóvoa (1995) e García (1999).

O saber docente é formado de diversos saberes, vindos de diferentes fontes como a formação profissional, os saberes disciplinares, curriculares e experienciais, ou seja, trata-se de um saber plural. Eles estão numa dimensão temporal que leva em conta a história de sua formação e o tempo de sua construção. Apesar de terem um lugar importante entre os saberes sociais, são pouco valorizados no que diz respeito à sua posse e transmissão. O saber docente está num caleidoscópio de saberes. Resenhamos abaixo a classificação de Tardif (2012).

Os saberes profissionais são aqueles veiculados pelas instituições responsáveis pela formação docente. São os saberes das ciências educacionais, os conhecimentos da ideologia pedagógica transmitidos durante a formação inicial e a continuada.

Os saberes pedagógicos representam as normas das atividades pedagógicas, ou seja, as doutrinas que orientam as técnicas, o modo de saber-fazer. Eles não são definidos nem produzidos pelos docentes: estão presentes na prática profissional, mas não são gerados em seu seio (Tardif, 2012).

Os saberes disciplinares são atribuídos ao conjunto de saberes das disciplinas ministradas nos cursos de formação inicial e continuada. Eles são provenientes da tradição cultural e dos grupos sociais.

Os saberes curriculares referem-se aos programas escolares com seus conteúdos e métodos selecionados pela instituição escolar, os quais devem ser aprendidos e aplicados pelos professores no desenvolvimento do seu trabalho. Eles não são transmitidos pelas instituições de formação de professores. Os saberes das disciplinas e os saberes do currículo não são produzidos pelos professores, são definidos pelos cursos de formação e considerados exteriores à prática docente.

Na percepção dos professores, os saberes advindos da experiência profissional, ou os saberes da prática, compõem as bases da sua competência e lhes permitem uma avaliação de sua formação inicial e de sua competência ao longo da carreira. Esses saberes, conforme aponta Tardif (2012), são

CAPÍTULO III – OS SUJEITOS DA EJA

saberes práticos, integrados à prática docente e formam "um conjunto de representações a partir das quais os professores interpretam, compreendem e orientam sua profissão e sua prática cotidiana em todas as suas dimensões" (Tardif, 2012, p. 49).

A ação docente não se traduz num trabalho solitário; ela é coletiva. Os professores estão imersos na sala de aula juntamente com seus alunos, formando uma comunidade de *aprendentes* e *ensinantes*. Lá, essa comunidade deve resolver situações complexas que exigem reflexão e habilidades de todos. Nesse ambiente, os saberes da experiência desenvolvem-se, constituindo certas formas de agir e pensar, ou seja, o *habitus* – o que, para Tardif, pode ser trazido no modo de dar aulas, na forma de tratar os alunos etc. Para o autor, os saberes da experiência são compostos por três objetos:

> *a) as relações e interações que os professores estabelecem e desenvolvem com os demais atores no campo de sua prática; b) as diversas obrigações e normas às quais seu trabalho deve submeter-se; c) a instituição enquanto meio organizado e composto de funções diversificadas (Tardif, 2012, p. 50).*

Conforme o autor, os saberes não são objetos de conhecimento, mas objetos que compõem a prática docente e se mostram por meio dela. Esses três *objetos/condições*, assim chamados pelo pesquisador, estabelecem um distanciamento crítico entre os saberes da experiência e os saberes adquiridos durante a formação. O distanciamento pode ser visto como um *choque da dura realidade* nos primeiros anos da profissão. Ao entrar na sala de aula, os professores percebem as limitações de seus saberes pedagógicos, o que pode suscitar a rejeição ou uma reavaliação de sua formação ou outros julgamentos. Huberman (1995) diz que, nessa fase inicial, há a tomada de consciência das dificuldades da profissão no que se refere aos aspectos pedagógicos, à transmissão do conhecimento, às dificuldades de relacionamento com os alunos e a outras dificuldades.

O conhecimento dos objetos/condições assegura a prática da profissão, constituindo-se num processo de *aprendizagem rápida*. Por meio de total inserção na prática, as experiências essenciais são adquiridas no início da carreira entre um e cinco anos e tendem a se transformar em traços da personalidade profissional, caracterizando o *habitus* docente.

Tardif (2012) aponta que os objetos/condições não possuem o mesmo valor para os educadores na prática da sua profissão. Há uma hierarquização com relação a esses valores. Quanto mais difícil for desempenhar uma atividade, mais valorizada ela será. Como exemplo, é mais importante saber reger uma sala de aula do que conhecer os mecanismos do sistema educacional. García (1995), por sua vez, constatou que os problemas dos professores no início da carreira se referem mais aos aspectos didáticos do que aos relacionados a questões pessoais ou organizacionais da escola.

Os saberes da experiência são originados no contexto da prática, na troca de experiências entre os professores, na comparação entre os saberes produzidos no coletivo, sendo, portanto, objetivados parcialmente. A partir do momento em que os docentes se conscientizam dos saberes experienciais nos momentos de relacionamento entre os pares, é que ocorre a sua objetivação. O professor é visto nesse contexto como um formador e não apenas como técnico repassador do conhecimento.

Esses saberes adquirem objetividade parcial na medida em que se relacionam criticamente com os saberes disciplinares e curriculares. A prática proporciona liberdade para avaliar outros saberes. Novos saberes são incorporados pelos docentes e reconstruídos em novas categorias, fazendo-os abandonar aquilo que julgam não ser pertinente à sua realidade cotidiana. Dessa forma, "a experiência provoca um efeito de retomada crítica dos saberes adquiridos antes ou fora da prática profissional" (Tardif, 2012, p. 53).

Pelo exposto, os questionamentos em relação à profissão docente, à pratica docente e aos saberes são essenciais à discussão do tema formação de professores da Educação de Jovens e Adultos. Por intermédio deles, podemos refletir, por exemplo, sobre os aspectos que devem ser abordados na formação de professores nos dias atuais e na organização curricular dos cursos de formação.

Estamos de acordo com a área que vem afirmando que a formação de professores deva ser concebida no seio da profissão (Nóvoa, 2009), tendo também os docentes como responsáveis pelo processo de formação dos futuros professores, por meio da disseminação da cultura profissional, levando-se em conta, inclusive, os aspectos pessoais e profissionais. Devem ser consideradas também as práticas que promovem a aprendizagem dos alunos e proporcionam a reflexão sobre o trabalho dos professores, o trabalho em equipe e a construção de novos conhecimentos e saberes. Tudo isso por intermédio do estudo e da reflexão sobre a teoria e a prática.

2. Os sujeitos da EJA: o aluno – identidade e trajetória escolar

A Educação de Jovens e Adultos (EJA) como modalidade da educação básica atende a um público muito específico, que por diferentes motivos teve negado o direito à educação – seja na infância, seja na adolescência – e mais tarde retorna às instituições de ensino, buscando concluir sua escolaridade. Nessa modalidade, as instituições que oferecem turmas de EJA têm sido crescentemente procuradas por um público heterogêneo, cujo perfil vem mudando, a cada ano, em relação a idade, gênero, expectativas e comportamentos.

Em geral, são alunos já inseridos no mercado de trabalho ou que nele ainda esperam ingressar; que não visam apenas à certificação para manter sua situação profissional, mas esperam chegar ao Ensino Médio ou à universidade, a fim de ascender social ou profissionalmente. Sabemos, ainda, que muitos desses alunos tiveram de romper barreiras erguidas pela família, pelo preconceito e pela exclusão, transpostas em razão de um grande desejo de aprender.

A questão é de base: a história dessa modalidade de ensino foi construída sem articulação com

CAPÍTULO III – OS SUJEITOS DA EJA

todo o sistema educacional e sem ser contemplada pelas políticas públicas, transformando-se no "reduto formal do nosso sistema de ensino para o qual se encaminham os excluídos deste mesmo processo" (Christofoli, 2010, p. 11).

Neste país, uma sociedade que tem como referência central a escolarização, as oportunidades dadas às crianças e jovens de chegar à escola e permanecer nela não são as mesmas para todos (Conferência Internacional..., 2010). Essa desigualdade aumenta quando nos referimos à educação das pessoas jovens e adultas. O aumento da demanda por essa modalidade de ensino evidencia as marcas da exclusão que observamos no País, hoje considerado um dos mais desiguais da América Latina e região do Caribe no campo educacional.

Para compreendermos melhor essa realidade, é preciso ver o que os números nos dizem e, com eles, compor um retrato da situação do analfabetismo e da oferta de escolarização para pessoas de quinze anos ou mais. O último Censo Demográfico indicou que nove em cada cem pessoas, jovens e adultas, são analfabetos, ou seja, não sabem ler e escrever (IBGE, 2010). Em nosso país, são 13.940.729 de pessoas com quinze anos ou mais, apontadas como analfabetos absolutos. O número é assustador para um país que abrigou um grande educador, Paulo Freire, que, com suas ações e sua vasta obra, indicou mudanças possíveis no cenário educacional brasileiro.

Esses mais de 13 milhões de brasileiros constituem um grupo bastante heterogêneo, distribuído em todo o território nacional, residente em localidades rurais e urbanas, nos grandes centros ou nas

CAPÍTULO III – Os sujeitos da EJA

periferias. Trata-se de um contingente de atores sociais que foram historicamente excluídos dos processos educativos, mas que são "sujeitos de direitos e sujeitos de deveres do Estado" (Arroyo, 2006, p. 26).

De acordo com o Instituto Brasileiro de Geografia e Estatística (IBGE), na Pesquisa Nacional por Amostragem de Domicílio (Pnad), realizada em 2012, a taxa de analfabetismo de pessoas com quinze anos ou mais corresponde a 8,7% da população brasileira. Um valor que vem a cada ano diminuindo, mas que tem nas estatísticas regionais o sinalizador do desenvolvimento social do País.

Taxa de analfabetismo das pessoas de 15 anos ou mais de idade		
	2002	2012
Brasil	11,9	8,7
Norte	10,4	10,0
Nordeste	23,4	17,4
Sudeste	7,2	4,8
Sul	6,7	4,4
Centro-Oeste	9,6	6,7

Fonte: IBGE, Pesquisa Nacional por Amostragem de Domicílios 2002/2012

Observamos, pelo quadro, que em todas as regiões brasileiras ocorreu uma redução no número de analfabetos jovens e adultos, mas a situação ainda é bastante crítica nos Estados do Nordeste brasileiro, chegando a ultrapassar a média nacional. Também é preciso considerar algumas variáveis como gênero, matriz étnica, domicílio e idade para refletirmos sobre os grupos mais afetados por essa desigualdade.

Ao considerarmos a taxa de analfabetismo em relação à idade, observamos que ela é maior entre as pessoas com mais de 65 anos, que representam mais de um quarto da população brasileira nos dias atuais, evidência dos longos anos de descaso com a população no seu direito subjetivo à educação.

Taxa de analfabetismo por grupos de idade		
	2002	2012
15 a 19 anos	2,9	1,2
20 a 24 anos	4,6	1,6
25 a 34 anos	7,1	3,5
35 a 44 anos	9,6	6,6
45 a 54 anos	14,9	9,8
55 a 64 anos	24,7	15,7
65 anos ou mais	35,4	27,2

Fonte: IBGE, Pesquisa Nacional por Amostragem de Domicílios 2002/2012

Apesar do fato de ter havido avanços nas questões relacionadas ao gênero, historicamente construídas pela sociedade, e de as taxas de analfabetismo virem decaindo, a porcentagem de mulheres analfabetas é maior que a de homens. A importância da alfabetização e educação das mulheres adultas evidencia-se na melhoria da participação escolar de seus filhos, no aumento dos padrões de saúde e nutrição de toda a família. Considere-se ainda que, por si só, a alfabetização representa um valor para a mulher, um direito que permite o empoderamento e a justiça de gênero.

CAPÍTULO III – Os SUJEITOS DA EJA

Algumas pesquisas (Araujo e Guimarães, 2013; Fernandes e Oliveira, 2011) revelam que as mulheres buscam com a EJA a qualificação para a inserção no mercado de trabalho, melhorando assim suas condições de vida, pois a maioria atua em funções de baixa remuneração. A EJA representa a possibilidade de transformação social, que pode vir pelas melhorias no campo de trabalho.

Dessa forma, é imperativo sanar a diferença entre as taxas de analfabetismo de homens e mulheres, proporcionando a elas condições não apenas de acesso, mas de permanência na escola. Ao se instalarem mecanismos que levem em conta as suas necessidades e a sua realidade – de dona de casa e de trabalhadora –, podem-se reduzir a evasão e a infrequência.

Taxa de analfabetismo em relação ao Gênero		
	2002	2012
Homem	12,1	9,0
Mulher	11,7	8,4

Fonte: IBGE, Pesquisa Nacional por Amostragem de Domicílios 2002/2012

Em se tratando da EJA, o que está em jogo é o direito de todos à aprendizagem e à educação, que não deve ser desatendido também ao se considerar a diversidade que compõe a sociedade brasileira. Tal cuidado não é verificável nos dados acerca da taxa de analfabetismo, quando analisamos esses números em relação à matriz étnica. Os percentuais de analfabetismo da população identificada como preta ou parda é maior que os da população branca, conforme gráficos a seguir:

Taxa de analfabetismo em relação a cor ou raça		
	2002	2012
Branca	7,5	5,3
Preta ou Parda	17,3	11,8

Fonte: IBGE, Pesquisa Nacional por Amostragem de Domicílios 2002/2012

São valores consideráveis e a diferença entre eles não foi reduzida com o passar dos anos, com a redução do índice de analfabetismo, o que nos leva a pensar que muito pouco ou quase nada foi feito no sentido de assegurar o sucesso de políticas afirmativas e de reconhecimento para a população negra. O grande risco é pensarmos esses processos de exclusão como naturais no espaço escolar, como nos adverte Gomes (2004, p. 84-85):

> Esse processo contribui para a produção de uma reação adversa entre nós: ao serem pensados como processos naturais, essas desigualdades tornam-se imperceptíveis. E, mesmo quando percebemos, muitas vezes não reagimos a elas, pois nosso olhar docente e pedagógico está tão 'acostumado' com esta realidade social e racial na escola, que tendemos a naturalizá-la e não a questionamos.

O espaço geográfico também é um fator determinante nos índices de analfabetismo no Brasil. Os desafios sociais e econômicos enfrentados por nosso país nos últimos anos mostram a necessidade de oportunidades educacionais iguais para quem mora em diferentes regiões e domicílios. A oportunidade de aprendizado e de desenvolvimento de potencialidades precisa ser estendida a

CAPÍTULO III – OS SUJEITOS DA EJA

todos, independentemente do endereço de residência, pois essa é a garantia de bem-estar social e econômico para a população. Na tabela abaixo, verificamos que o analfabetismo é mais que três vezes maior entre os que vivem no campo do que entre aqueles que vivem em centros urbanos.

Taxa de analfabetismo em relação a situação de domicílio		
	2002	2012
Urbana	9,1	6,6
Rural	27,7	21,1

Fonte: IBGE, Pesquisa Nacional por Amostragem de Domicílios 2002/2012

Cabe chamar atenção para o fato de que esses percentuais representam sujeitos com diferentes trajetórias, que trazem em sua biografia a história daqueles e daquelas que não corresponderam às expectativas da sociedade no que se refere ao aprendizado da leitura e da escrita e ao bom desempenho escolar. Marcados pela desigualdade, esses números apontam a existência de homens e mulheres que carregam um estigma e são discriminados em diferentes espaços sociais e em diferentes circunstâncias.

A baixa e, em alguns casos, nenhuma escolaridade desses sujeitos confirmam a contradição presente na sociedade brasileira, que ainda mantém um processo fortemente marcado pela exclusão escolar e social, evidenciando a incapacidade do atual sistema escolar de trabalhar com a diversidade e de articular interesses e necessidades formativas diversas para um público que também é diverso. Esses são os potenciais alunos e alunas das classes de Educação de Jovens e Adultos, no sistema nacional de educação, em turmas de alfabetização, nos Ensinos Fundamental e Médio ou mesmo nas inúmeras iniciativas de educação não formal.

É preciso, entretanto, conhecer os sujeitos da EJA, suas trajetórias, identificando seu perfil, suas expectativas e vivências, para que eles possam ser considerados na construção de propostas e projetos que venham atender-lhes de maneira mais próxima e específica. Tomamos como base a compreensão, segundo Marta Kohl de Oliveira, de que a Educação de Jovens e Adultos não se refere apenas a uma questão etária, mas, principalmente, ao atendimento a uma comunidade com especificidades culturais e sociais. Conforme a autora,

> *O adulto, para a EJA, não é o estudante universitário, o profissional qualificado que frequenta cursos de formação continuada ou de especialização, ou a pessoa adulta interessada em aperfeiçoar seus conhecimentos em áreas como artes, línguas estrangeiras ou música, por exemplo [...] E o jovem, recentemente incorporado ao território da antiga educação de adultos, não é aquele com uma história de escolaridade regular, o vestibulando ou o aluno de cursos extracurriculares em busca de enriquecimento pessoal. Não é também o adolescente no sentido naturalizado de pertinência a uma etapa biopsicológica da vida (Oliveira, 1999, p. 1).*

Além de considerar as questões apontadas por Oliveira, a identificação dos sujeitos alunos da EJA caminha no sentido de conhecer e revelar suas trajetórias. No entendimento dos *Cadernos da EJA*, do MEC:

CAPÍTULO III – OS SUJEITOS DA EJA

> *Os alunos e alunas de EJA trazem consigo uma visão de mundo influenciada por seus traços culturais de origem e por sua vivência social, familiar e profissional. Podemos dizer que eles trazem uma noção de mundo mais relacionada ao ver e ao fazer, uma visão de mundo apoiada numa adesão espontânea e imediata às coisas que vê. Ao escolher o caminho da escola, a interrogação passa a acompanhar o ver desse aluno, deixando-o preparado para olhar. Aberto à aprendizagem, eles vêm para a sala de aula com um olhar que é, por outro lado, um olhar receptivo, sensível, e, por outro, é um olhar ativo: olhar curioso, explorador, olhar que investiga, olhar que pensa (Brasil/MEC, 2006, p. 5).*

Alguns Estados e municípios avançaram em suas proposições legais, considerando o atendimento à EJA em seus Planos Decenais, no entendimento de que a EJA resgata a dignidade do ser humano, o que torna emergente discuti-la em sua pluralidade. Como exemplo, mencionamos o caso do Estado mineiro, ao propor no Plano Decenal de Educação do Estado de Minas Gerais, Lei nº 19.481, de 12 de janeiro de 2011. Nela, apresentam-se algumas ações estratégicas:

> *5.1.1 – Implementar processo de avaliação sistêmica que atenda às especificidades da educação de jovens e adultos, considerando-se as vivências dos educandos, a infraestrutura das escolas e a diversidade dos projetos pedagógicos.*
>
> *5.1.2 – Implementar programa específico de colaboração entre o Estado e os Municípios, para garantir atendimento pleno à demanda por ensino fundamental de*

jovens e adultos, garantindo-se a oferta de todas as opções de EJA.

5.1.3 – Implementar projeto pedagógico com recursos didáticos e metodologia específicos para a educação de jovens e adultos, de forma a desenvolver as habilidades e competências dos alunos, garantindo-se a oferta continuada de cursos (Minas Gerais, Lei 19.481/2011).

Interessa-nos mostrar a necessidade de pensarmos não apenas o atendimento educacional e as condições de oferta de EJA como um todo, mas, igualmente, a necessidade de promovermos ações específicas que precisam levar em consideração as particularidades desses sujeitos para os quais os projetos se voltam, considerando quem são, quais suas histórias de vida, quais as trajetórias formativas, os interesses, os desejos e as necessidades.

Realçamos aqui que os alunos da EJA são homens e mulheres, atores num dado contexto social e histórico, antes de tudo sujeitos de direitos, que precisam ser considerados numa perspectiva que os compreenda como tais. O ponto de partida precisa ser a compreensão de quem são os alunos da EJA, superando visões restritas e estereotipadas que marcam negativamente a realidade daqueles que não puderam estudar em nosso país. Por muito tempo, a sociedade olhou para essas pessoas considerando apenas a sua trajetória escolar, mas é preciso reconhecer que eles são

[...] homens e mulheres, trabalhadores/as empregados/as e desempregados/as ou em busca do primeiro emprego; filhos, pais e mães; moradores urbanos de periferias, favelas e vilas. São sujeitos sociais e culturais,

CAPÍTULO III – OS SUJEITOS DA EJA

> *marginalizados nas esferas socioeconômicas e educacionais, privados do acesso à cultura letrada e aos bens culturais e sociais, comprometendo uma participação mais ativa no mundo do trabalho, da política e da cultura. Vivem no mundo urbano, industrializado, burocratizado e escolarizado, em geral trabalhando em ocupações não qualificadas. Trazem a marca da exclusão social, mas são sujeitos do tempo presente e do tempo futuro, formados pelas memórias que os constituem enquanto seres temporais. São sujeitos de direitos, trabalhadores que participam concretamente da garantia de sobrevivência do grupo familiar ao qual pertencem. (Belo Horizonte, Resolução nº 1/2003)*

Refletir sobre os jovens e adultos que frequentam a EJA, como eles pensam e aprendem envolve construir um novo olhar para esses sujeitos, um olhar que não os veja apenas pelas carências do percurso escolar, pelas dificuldades e necessidades no âmbito educacional, mas que consiga superar o conceito de "suplência" que por anos marcou a sociedade brasileira. Um conceito que carrega em seu interior a ideia de continuísmo e de que esses sujeitos precisam de uma segunda oportunidade. Contra essa realidade, "um novo olhar deverá ser construído, que os reconheça como jovens e adultos em tempos e percursos de jovens e adultos" (Arroyo, 2006, p. 23).

Esses olhares serão tão mais adequados quanto mais se observarem algumas premissas. Primeiro, é preciso não considerá-los como crianças em relação ao processo de aprendizagem, infantilizando materiais e textos e desconsiderando que são sujeitos de aprendizagem e protagonistas em seu processo de desenvolvimento. Segundo, é preciso vê-los não apenas como aqueles que foram excluídos dos processos formais de escolarização, deles se evadiram ou a eles não tiveram acesso, pois estes estudantes carregam consigo uma história de vida, rica e diversa, que os caracteriza e os torna únicos em seu processo de desenvolvimento. Por fim, é preciso vê-los como integrantes de um determinado grupo cultural, com histórias e trajetórias plurais que compõem a diversidade da sociedade brasileira.

Nosso olhar precisa ir além disso, porém. Precisa ver as condições reais que esses sujeitos vivenciam, compreendendo os significados que eles atribuem às suas experiências de vida, incluindo as escolares, sem encobrir a realidade em que vivem e cuja compreensão auxilia na proposição de políticas públicas para o atendimento a esses cidadãos. Assim, afirmamos, com o professor Miguel Arroyo, que o aluno da EJA "não é qualquer jovem e qualquer adulto. São jovens e adultos com rosto, com histórias, com cor, com trajetórias sócio-étnico-racial, do campo, da periferia" (2005, p. 22).

Dessa forma, a Educação de Jovens e Adultos torna-se mais que um direito: "é a chave para o século XXI", o caminho para que um grande número de pessoas não escolarizadas ou com pouca escolarização tenham melhores condições e oportunidades no mercado de trabalho e vida mais digna. Para muitos, a EJA é

> Trecho destacado da Declaração de Hamburgo, na 5ª Conferência Internacional sobre Educação de Adultos (Confintea), julho de 1997.

CAPÍTULO III – OS SUJEITOS DA EJA

> *tanto consequência do exercício da cidadania como condição para uma plena participação na sociedade. Além do mais, ela é um poderoso argumento em favor do desenvolvimento sustentável, da democracia, da justiça, da igualdade entre os sexos, do desenvolvimento socioeconômico e científico, além de um requisito fundamental para a construção de um mundo onde a violência cede lugar ao diálogo e à cultura de paz baseada na justiça. (Conferência Internacional..., 1997)*

O Programa Nacional de Inclusão de Jovens em sua modalidade urbana (Projovem Urbano) visa à formação integral do jovem entre 18 e 29 anos que não concluiu o Ensino Fundamental, para inseri-lo no mercado de trabalho, possibilitando o exercício da cidadania. O MEC apoia técnica e financeiramente Estados, municípios e o Distrito Federal na oferta e no desenvolvimento de cursos com duração de dezoito meses, realizados presencialmente e a distância.

Como essa educação tem sido ofertada em nossas escolas e como tem alcançado jovens e adultos que dela precisam são questões essenciais para discussão nos órgãos públicos e nos Fóruns de EJA. Ao se pensar na oferta da EJA, é preciso considerar espaço e material adequados ao atendimento desse público, uma estrutura flexível que atenda às necessidades de jovens e adultos trabalhadores, além de professores preparados para o desafio de atuar em classes multigeracionais.

As matrículas em salas de aula da EJA vêm apresentando nos últimos anos uma redução em seus números: em 2012 atingiu um contingente de 3.906.877 alunos, 3,4% a menos que o ano anterior. É preciso analisar esses dados e os motivos dessa redução, que nem sempre representam a diminuição de demanda para a EJA. Desse total, 65,6% estão no Ensino Fundamental (integrado à educação profissional e ao Projovem Urbano) e 34,4%, no Ensino Médio (integrado à Educação Profissional).

Vejamos como esses números estão distribuídos no Ensino Fundamental, entre os anos de 2007 e 2012, nos seus diferentes segmentos (anos iniciais e anos finais), integrados à educação profissionalizante e em parceria com o MEC por meio do Projovem. Este último programa compõe um conjunto de ações governamentais pensadas para atender à necessidade de construção de uma política nacional de juventude.

Número de matrículas na EJA – Ensino Fundamental, Brasil, 2007-2012					
	Ensino Fundamental				
	Total Geral	Total	Anos Iniciais	Anos Finais	Integrado EP	Projovem
2007	4.985.338	3.367.032	1.160.879	2.206.153	...	...
2008	4.945.424	3.295.240	1.127.077	2.164.187	3.976	...
2009	4.661.332	3.094.524	1.035.670	2.055.286	3.628	...
2010	4.287.234	2.860.230	923.197	1.922.907	14.126	...
2011	4.046.169	2.681.774	935.084	1.722.697	23.995	...
2012	3.906.877	2.561.013	870.181	1.618.587	18.622	53.623

Fonte: MEC/INEP

As matrículas realizadas no Ensino Fundamental da EJA acompanham o quadro geral, com certa tendência à redução. As matrículas nas classes integradas à educação profissional, no âmbito do Proeja, apresentaram crescimento entre 2010 e 2011, com pequena redução em 2012. O Proeja, por ser um programa governamental, apresentou inúmeros desafios e tensões na sua implantação, o que ainda está sendo acompanhado e avaliado por estudiosos e pesquisadores.

O Programa Nacional de Integração da Educação Profissional com a Educação Básica na Modalidade de Educação de Jovens e Adultos (Proeja) foi instituído pelo MEC em 2005. Para saber mais, consulte o *site*: <http://portal.mec.gov.br/index.php?option=com_content&view=article&id=12288&Itemid=567>.

CAPÍTULO III – OS SUJEITOS DA EJA

As matrículas no Ensino Médio da EJA também evidenciam redução no geral e crescimento no Proeja, quadro semelhante ao do Ensino Fundamental.

Número de Matrículas na EJA – Ensino Médio, Brasil, 2007-2012			
	Ensino Médio		
	Total Geral	Total	Médio	Integrado EP
2007	4.985.338	1.618.306	1.608.559	9.747
2008	4.945.424	1.650.184	1.635.245	14.939
2009	4.661.332	1.566.808	1.547.275	19.533
2010	4.287.234	1.427.004	1.388.852	39.152
2011	4.046.169	1.364.393	1.322.422	41.971
2012	3.906.877	1.345.864	1.309.871	35.993

Fonte: MEC/INEP

Sabemos que a oferta da EJA está inserida nos mesmos preceitos da educação básica regular; isto significa que o sistema municipal de ensino é responsável pela oferta dos anos iniciais do Ensino Fundamental na EJA e o sistema estadual, pelos anos finais do Ensino Fundamental e pelo Ensino Médio. Esses sistemas podem, também, atuar em regime de parceria na oferta das classes de EJA em razão das demandas e condições de cada município.

O Censo Escolar de 2012 mostrou que os alunos frequentadores dos anos iniciais do Ensino Fundamental nas classes da EJA possuem perfil

CAPÍTULO III – Os sujeitos da EJA

etário superior aos dos alunos que frequentam os anos finais do Fundamental e Ensino Médio, turmas nas quais predominam jovens estudantes (Brasil, 2013). Estes números sugerem que o ensino regular tem abastecido as turmas da EJA, seja por iniciativa dos alunos no desejo de acelerar os estudos, seja por orientação da escola, ao esgotar seus recursos no trabalho pedagógico com esses sujeitos.

Ainda na discussão sobre o atendimento educacional aos jovens e adultos, chama a nossa atenção o fato de que, segundo dados do Censo Escolar de 2012, algumas dessas matrículas incluem a modalidade semipresencial. Em 2011 foram registrados 199.185 alunos no Ensino Fundamental e 236.410 alunos no Ensino Médio, nessa modalidade da EJA. A educação a distância (EAD) ou semipresencial, que tem sido vista por muitos como uma forma de acesso à educação em vários níveis de ensino, está prevista em lei, conforme o disposto no art. 9º das Diretrizes Operacionais para a Educação de Jovens e Adultos, instituídas pela Resolução CNE/CEB nº 3, de 15 de junho de 2010.

Para ler na íntegra esta Resolução, acesse a página: <http://portal.mec.gov.br/index.php?option=com_content&id=14906&Itemid=866>.

A oferta da EJA na modalidade a distância ou semipresencial, com forte tendência ao crescimento, ainda apresenta inúmeros desafios a ser superados para que alcance jovens, adultos e idosos ainda distantes da escolarização formal e sem contato com as novas tecnologias. A aceitação da EAD por parte da maioria desses sujeitos, entretanto, dá-se pela flexibilidade de tempos e horários para o estudo, o que representa para os alunos da EJA um fator positivo.

Ao olharmos os números que indicam a presença de jovens e adultos nas classes de EJA, considerando o contingente de pessoas com 15 anos ou mais que não frequentam a escola e não possuem o Ensino Fundamental completo, conforme os dados já mencionados do Pnad/IBGE –, temos ainda um grande contingente de pessoas a ser atendidas pela EJA. Ou seja, a oferta dessa modalidade de ensino ainda é modesta em relação ao que se espera desse atendimento. É fato que, ultimamente, o debate sobre a Educação de Jovens e Adultos ganhou força e começou a penetrar o campo da educação, em especial da academia, sobretudo entre estudiosos e pesquisadores, mas ainda temos um longo caminho a percorrer, sobretudo se considerarmos a imensa dívida que a nação tem para com aqueles e aquelas que historicamente foram excluídos dos processos formais de ensino.

3. O desafio da juvenilização da Educação de Adultos no Brasil

Prioritariamente pensadas como um espaço de discussão sobre a educação da pessoa adulta, as Confinteas demonstram, ao longo de sua história, nas discussões realizadas no interior dessas conferências ou em suas preparações, a percepção da educação de adultos como um *continuum* da educação e, consequentemente, como um bem a ser adquirido por todo cidadão. Esta modalidade educativa obteve assim consistência e visibilidade no meio acadêmico, crescimento do comprometimento social e diminuição do compromisso estatal (Knoll, 2009).

Na 5ª Confintea, realizada na Alemanha em 1997, apareceram pela primeira vez os termos "Educação de Adultos" e "Educação de Jovens e Adultos", com a intenção de caracterizar que sua oferta atende igualmente a um público jovem. Na Confintea seguinte, realizada no Brasil em 2009, entre os indicativos destacados em conferências anteriores estava a confirmação da educação enquanto direito universal e inalienável de todos (criança, jovens, adultos e idosos). Palco de índices pouco confortáveis de analfabetismo entre os jovens e analfabetismo funcional, o Brasil pouco tem considerado, em suas ações e compromissos públicos voltados para atender à EJA, que esta modalidade de ensino lida com dois tipos de sujeitos, jovens e adultos, com realidades diferentes e necessidades específicas, demandando da escola e do professor uma atenção diferenciada.

Verificamos uma nova composição das turmas da EJA: antes formadas quase exclusivamente por adultos que se afastaram da escola, hoje se configuram como espaços prioritariamente ocupados por jovens que, em sua maioria, não se afastaram da escola. Neste momento em que a educação se torna universal, acessível a todos, deparamo-nos com a presença majoritária de jovens excluídos da sala de aula regular, que buscam a EJA ou para ela são encaminhados pelo próprio sistema de ensino. São escassos, porém, os trabalhos que se propõem mergulhar na existência desses sujeitos, conhecendo quem eles são, quais seus valores, projetos e experiências.

CAPÍTULO III – OS SUJEITOS DA EJA

Nesta seção buscaremos conhecer e revelar quem são estes jovens sujeitos e identificar os motivos apontados por algumas pesquisas da presença desses alunos na EJA. Compreender os conflitos gerados pela diversidade etária presente na sala de aula é um importante passo na busca da qualidade do atendimento pedagógico nesta modalidade de ensino.

A presença cada vez maior destes jovens na EJA tem sido identificada em todas as regiões do Brasil e em muitos países da América Latina, representado um grande desafio, pois implica pensar em novas práticas e novas relações que se estabelecem nas salas de aulas e no espaço escolar. Mesmo com o avanço na compreensão do direito à educação, temos hoje a tarefa de reconhecer que esse direito precisa ser estendido aos jovens de forma especial, na compreensão de que eles possuem realidades específicas, trajetórias e necessidades que precisam ser consideradas ao se pensar em programas de educação para jovens e adultos.

Conhecido como "juvenilização da EJA", este fenômeno, intensificado nos últimos anos, pode ser confirmado nos dados informados pelas escolas às secretarias de educação que atuam nesta modalidade de ensino, nos âmbitos municipal ou estadual. A juvenilização da EJA marca o ingresso de alunos e alunas jovens em classes majoritariamente noturnas, antes pensadas para atender o estudante adulto. Conforme explica Carrano (2007, p. 1),

> *É notável o crescente interesse que o tema da juventude vem despertando no campo da Educação de Jovens e Adultos. A preocupação com os jovens na EJA está, em grande medida, relacionada com a evidência empírica de que eles e elas já constituem fenômeno estatístico significativo nas*

diversas classes de EJA e, em muitas circunstâncias, representam a maioria ou quase totalidade dos alunos em sala de aula.

De acordo com o autor, há atualmente uma constante mudança de valores e funções em nossa sociedade interferindo na ordem das fases da vida. Se antes um aluno saía já formado da escola e ainda jovem, hoje existe um outro ordenamento, uma outra realidade. Diante das dificuldades de se manter no ensino regular, o jovem evade-se; seu retorno às instituições escolares acontece pouco tempo depois, porém já na EJA. Há ainda o registro de alguns casos em que alunos e alunas não se evadem, mas pelas dificuldades enfrentadas no processo de aprendizagem vão permanecendo na escola até que são transferidos para a EJA.

Embora não seja o único motivo, essa migração foi identificada após a promulgação da LDB, Lei nº 9.394/1996, que no artigo 38 prevê a idade de ingresso. Vejamos o que a lei apresenta em seu texto:

Art. 38. Os sistemas de ensino manterão cursos e exames supletivos que compreenderão a base nacional comum do currículo, habilitando ao prosseguimento de estudos em caráter regular.

§ 1º. Os exames a que se refere este artigo realizar-se-ão:

I - no nível de conclusão do ensino fundamental para os maiores de quinze anos;

II - no nível de conclusão do ensino médio, para os maiores de dezoito anos.

§ 2º. Os conhecimentos e habilidades adquiridos pelos educandos por meios informais serão aferidos e reconhecidos mediante exames (Brasil, Lei nº 9.394/1996).

Ao possibilitar a certificação do Ensino Fundamental para os maiores de quinze anos e do Ensino

De acordo com o dicionário do Grupo de Estudos sobre Política Educacional e Trabalho Docente da Universidade Federal de Minas Gerais (Gestrado/UFMG), a "taxa de escolarização líquida" é um indicador que mede "o acesso ao sistema educacional daqueles que se encontram na idade recomendada para cada um dos três níveis" de ensino, indicando "a porcentagem da população que está matriculada no nível adequado a sua faixa etária". Cf. Saraiva, Ana Maria Alves. Verbete "Taxa de matrícula líquida". Dicionário Trabalho, Profissão e Condição Docente. *Gestrado* [*site* na internet]. Disp. em: <http://www.gestrado.or g/?pg=dicionario-verbetes&id=205>. Acesso em: 29 set. 2014.

Médio para os maiores de dezoito anos, a lei não apenas ampliou o espaço de atendimento ao direito de jovens e adultos trabalhadores retomarem seus estudos, como permitiu que muitos jovens se transferissem para a EJA com o propósito de acelerar seus estudos.

O ingresso antecipado dos jovens no mercado de trabalho também é um dos fatores responsáveis por sua presença na EJA. Oriundos de camadas de baixa renda, ao se matricular na EJA, esses jovens demandam uma proposta curricular antes pensada para atender ao adulto. Suas expectativas estão direcionadas para as exigências do mundo do trabalho, um mundo tecnológico e em constante evolução.

Definido por diferentes autores como grande presença de jovens na EJA, este fenômeno – o processo de migração de estudantes das classes regulares da Educação Básica para as turmas ofertadas nesta modalidade – vem ocorrendo com pessoas cada vez mais jovens, o que denuncia uma realidade que precisa ser melhor compreendida e estudada. Para isto, é necessária uma análise das variáveis que determinam o fenômeno e seus desdobramentos, visto que este fato traz consequências tanto para a modalidade de EJA e a prática docente, quanto para o sujeito que nela se insere.

Esse grupo jovem que migra para a EJA possui uma característica bem especial. São alunos que se situam na categoria de distorção idade/série, ou seja, alunos que, após uma trajetória marcada por reprovações e evasões, não apresentam idade compatível com aquela considerada adequada para a série, comprometendo assim a "taxa de escolarização líquida".

CAPÍTULO III – OS SUJEITOS DA EJA

Reconhecemos a importância de saber quem são estes jovens da EJA, identificando seu perfil, suas expectativas e vivências, para que possam ser considerados na construção de propostas e projetos que venham atendê-los de maneira mais próxima e específica. Sabemos que no cerne desta questão está uma outra, mais ampla, relacionada a duas importantes discussões: Por que este aluno ou aluna, tão jovem, foi encaminhado à EJA? Como trabalhar com estes jovens, considerando a categoria juventude, com todas as suas demandas e necessidades, em classes com adultos e, em alguns casos, idosos?

De acordo com Andrade (2004, p. 51), esses jovens

> *Têm em comum o fato de carregarem a marca da pobreza e de, exatamente por este motivo, não terem a possibilidade de realizar uma trajetória educativa tradicionalmente considerada como satisfatória. São jovens que, por uma série de motivos, precisaram abandonar a escola; vivem em periferias, favelas, vilas e bairros pobres, principalmente nas grandes cidades; são majoritariamente negros; circulam no espaço escolar um 'incansável' número de vezes, com entradas, saídas e retornos, após o período estabelecido como o próprio para a vida escolar (de 7 a 14 anos).*

Concordamos "que a palavra juventude é profundamente plural e extremamente desigual" (Andrade, 2004, p. 43) e visualizamos esta realidade nas classes de EJA. Jovens de diferentes condições sociais e culturais, de gêneros e religiões distintas, buscam na educação e com a educação estabelecer um diálogo com a sociedade e com o mercado de

Certamente, a discussão do jovem aluno da EJA está inserida num painel mais amplo a respeito da juventude e suas demandas na sociedade contemporânea, debate do qual participam Dayrell (2010), Dayrell, Nogueira e Miranda (2011), Dayrell, Moreira e Stengel (2011), Sposito, Favero, Carrano e Novaes (2007) e Sposito (2008), entre outros.

trabalho. Um diálogo que pode ser possibilitado pelos demais sujeitos que compõem o espaço escolar, em especial o professor. Para Dayrell, entretanto, o olhar dos professores para esses jovens alunos da EJA já carrega um certo preconceito.

> *O que se constata é que boa parte dos professores de EJA tendem a ver o jovem aluno a partir de um conjunto de modelos e estereótipos socialmente construídos e, com esse olhar, correm o risco de analisá-los de forma negativa, o que os impede de conhecer o jovem real que ali frequenta (Dayrell, 2005, p. 54).*

Esses jovens, que não foram acolhidos pelo sistema educacional regular, que não conseguiram concluir com sucesso sua trajetória escolar, também enfrentam desafios na EJA. O retorno à escola não é acompanhado de condições adequadas às suas necessidades de aprendizagem, se considerarmos que esses são jovens adultos, que enfrentam realidades de trabalho, família e, em algumas situações, maternidade ou paternidade precoces, desemprego, assumindo muitas vezes responsabilidades que são as de uma pessoa adulta.

Os pesquisadores Dayrell, Nogueira e Miranda divulgaram no *Caderno de Reflexões – Jovens de 15 a 17 anos no Ensino Fundamental* que os jovens dessa idade somam no Brasil um total de 10.262.468. Desses, 2% são analfabetos e, o que mais retrata a desigualdade social em que vivem, 18% não frequentam a escola. Dos que ocupam os bancos escolares, 55% não concluíram ainda o Ensino Fundamental, e os autores lembram que nesta idade os jovens que seguem a trajetória considerada regular já estariam no

Ensino Médio. Ainda em relação a esses jovens, 29% estão inseridos no mercado de trabalho e, dentre os que já atuam profissionalmente, 71% recebem menos que um salário mínimo. Para os autores,

> [...] são essas as frações dos jovens que entram mais cedo no mercado de trabalho e largam mais cedo a escola, antes mesmo do tempo mínimo obrigatório de escolarização e de proteção ao trabalho. São eles que evadem, abandonam, repetem anos na escola por não conseguirem acompanhar os ritmos definidos pela cultura escolar. São eles que buscam o ensino noturno e a Educação de Jovens Adultos para permanecerem estudando, o que demonstra que, apesar dos fracassos, o valor da escola ainda é relevante. São eles que não partilham do banquete da modernidade, restando-lhes as migalhas que lhes sobram (Dayrell; Nogueira; Miranda, 2011, p. 18).

Pensar quem é esse aluno e como ele vê a sua educação escolar auxilia neste desafio, pois é um exercício de deslocamento de foco da instituição educacional para o sujeito dessa educação – exercício que retorna à instituição, com subsídios para o trabalho educativo. É preciso dar voz a esse jovem inserido em um contexto distinto da educação formal tradicional, trazendo um olhar inovador sobre suas necessidades e especificidades. Além disso, é preciso construir ações que promovam melhorias nas práticas cotidianas dos professores da EJA, que se deparam com salas formadas por grupos heterogêneos do ponto de vista cultural e etário e, consequentemente, com demandas específicas.

Diante desta realidade, é preciso garantir as especificidades da EJA, atendendo à demanda destes alunos por Ensino Fundamental e Médio e pensando em projetos pedagógicos específicos para as escolas que ofertam esta modalidade de ensino, não apenas como resposta a um preceito legal, mas como envide de esforços para transformá-lo em realidade, dando visibilidade ao jovem que hoje é maioria nas classes de EJA.

É necessária uma atenção maior aos programas e projetos, oficiais ou não oficiais, apresentados para atender a EJA e, por conseguinte, às juventudes que frequentam as redes públicas e privadas de ensino, sem desconsiderar as condições sociais e econômicas precárias desses sujeitos.

Para que isso ocorra, é necessário um olhar mais cuidadoso e uma análise mais crítica sobre as propostas de educação apresentadas para esta modalidade e, em especial, para as juventudes nas redes oficiais de ensino. Uma proposta para esta comunidade jovem deve considerar, principalmente, as realidades socioeconômicas desfavoráveis nas quais se encontram a maioria desses jovens e suas famílias. Deve tomar como ponto de partida a diversidade geracional existente em cada sala de aula, a fim de pensar as práticas pedagógicas e a formação dos docentes que vão atuar com esses alunos.

Com base nessas questões iniciais que nos ajudam a lançar luz sobre o fenômeno da juvenilização da EJA, podemos apontar caminhos para a construção de um currículo mais específico, de novas abordagens do conhecimento e de práticas pedagógicas pensadas e realizadas com e para os jovens.

A Constituição Federal de 1988 e a LDB de 1996 conferem aos municípios a responsabilidade do Ensino Fundamental, estabelecendo que, aos sistemas de ensino estadual e municipal, cabe assegurar gratuitamente oportunidades educacionais apropriadas aos jovens e adultos que não puderam efetuar os estudos na idade regular, considerando as características desses alunos, seus interesses, condições de vida e de trabalho. Também cabe a esses sistemas de ensino viabilizar e estimular o acesso e a permanência do aluno jovem trabalhador na escola, mediante ações integradas e complementares entre os diversos setores das esferas públicas.

Com essas ações, estaremos garantindo aos jovens, que já trabalham ou que buscam os estudos almejando colocar-se no mercado de trabalho, a possibilidade de frequentar as classes da EJA, tendo seus direitos respeitados e suas necessidades atendidas.

Arroyo (2006), em sua vasta experiência com a Educação Popular e com a EJA, acerca da diversidade presente nas classes que atendem a jovens e adultos, assim afirma:

> *Essas diferenças podem ser uma riqueza para o fazer educativo. Quando os interlocutores falam de coisas diferentes, o diálogo é possível. Quando só os mestres têm o que falar não passa de um monólogo. Os jovens e adultos carregam as condições de pensar sua educação como diálogo. Se toda educação exige uma deferência pelos interlocutores, mestres e alunos (as), quando esses interlocutores são jovens e adultos carregados de tensas vivências, essa deferência deverá ter um significado educativo especial. (Arroyo, 2006, p. 35).*

Desafios à maneira de conclusão

Desafios à maneira de conclusão

Este livro foi escrito considerando as experiências dos autores com a formação de professores, os diálogos, as reflexões e as pesquisas na área da EJA e a parceria que ambos hoje estabelecem nas discussões e no compromisso com a educação da pessoa jovem e adulta na Região dos Inconfidentes, Minas Gerais. Expõe-se aqui a tentativa de compartilhar o olhar sobre essa modalidade de ensino, sua realidade e suas demandas.

Neste estudo, foram mobilizados teóricos, educadores e obras de referência na área da EJA e da formação docente, considerando que esse conhecimento evidencia os mecanismos sociais e políticos que permitirão o desvelamento da atual realidade da EJA no Brasil.

As discussões da temática que envolve os sujeitos da Educação de Jovens e Adultos passam por um processo de ascensão, já que anteriormente essa modalidade não contava com tantas pesquisas e estudos, se comparadas a outras temáticas do contexto educacional. Com o aumento do número de alunos jovens na EJA e o retorno dos adultos às instituições escolares, percebe-se nitidamente a necessidade de um minucioso estudo voltado às questões que envolvem essa modalidade de ensino. O conhecimento dos sujeitos alunos e docentes, das práticas

Nesta mesma Coleção, há outros livros que se vinculam à perspectiva trazida neste livro e discutem a educação como direito, vigilância militante aos direitos conquistados para que eles não nos sejam confiscados e/ou ideologizados à mercê das políticas de plantão. Indicamos, assim, a consulta aos textos: Candau, V. M. et al. *Educação em Direitos Humanos e a formação de professores.* São Paulo: Cortez, 2013 (col. Docência em Formação, série Saberes Pedagógicos); Silva, A. P. Soares da. *Educação Infantil do Campo.* São Paulo: Cortez, 2012 (col. Docência em Formação, série Educação Infantil) Streck, D. et al. *Educação popular e docência.* São Paulo: Cortez, 2014 (col. Docência em Formação, série Educação de Jovens e Adultos).

Desafios à maneira de conclusão

pedagógicas e das políticas públicas pensadas para esse grupo propicia uma percepção mais clara dos problemas que envolvem essa modalidade de educação e, consequentemente, alternativas que vislumbrem resolvê-los. É dessa maneira que, a nosso ver, faz-se o enfrentamento das problemáticas que o País ainda possui com relação ao alto índice de analfabetismo e à pouca oferta de turmas de EJA, tendo em vista a demanda existente.

Com as informações aqui apresentadas e os conhecimentos produzidos cada vez que se problematiza a questão da Educação de Jovens e Adultos, propomos considerar, na análise da temática, a estrutura e o funcionamento da EJA nas escolas, a organização das turmas, a organização da aprendizagem e sua progressão ao longo dos ensinos fundamental e médio, a seleção de temas e conteúdos de aprendizagem e a forma como as relações interpessoais se estabelecem dentro da escola.

Há enormes desafios a ser enfrentados. A formação de professores que tenha ênfase nessa modalidade de ensino é um deles. Como vimos, são poucas as universidades e instituições de ensino superior que privilegiam esse tipo de formação de professores.

Outro desafio diz respeito ao desenvolvimento profissional. Embora não seja uma luta somente desse segmento, a precariedade das condições de trabalho limita, sobremaneira, a ação do professor, que, em grande parte das vezes, não escolheu ensinar para aqueles alunos. Quase sempre a atribuição do professor da EJA não se dá por opção político-ideológica, mas por imposição de carga horária de trabalho ou de outros fatores. Em encontros coletivos em que se discutem as questões de ensino-aprendizagem, as particularidades da EJA são desprezadas e se uniformizam discussões e tratamentos nos limites do Ensino Básico regular. É fundamental, portanto, que se estabeleçam espaços formativos no interior da unidade escola/espaço, de modo a favorecer o encontro entre sujeitos que assumem a "tarefa de provocar e produzir conhecimentos [...] sustentados na perspectiva daqueles que aprendem, relativos a saberes diversos e que contribuem, efetivamente, para a vida dos alunos" (Brasil, 2006). E, porque assim o fazem, reconhecem seus alunos como pessoas singulares, que detêm a capacidade infinita de aprender e de participar efetivamente dos rumos de sua comunidade e de sua sociedade.

Nosso esforço de sistematização, neste livro, teve em vista o acolhimento desses alunos, já bastante desfavorecidos fora do contexto escolar, e as condições de sua permanência nas escolas. É nossa convicção que qualquer busca de compreensão das questões que cercam a Educação de Jovens e Adultos deve ensejar a busca por soluções para as problemáticas evidenciadas.

Referências
bibliográficas

Referências bibliográficas

1. Livros e outros não periódicos

ALFASOL. *Alfabetização Solidária, 13 anos*: percursos e parcerias. São Paulo: Alfabetização Solidária, 2009.

ANDRADE, Eliane Ribeiro. Os jovens da EJA e a EJA dos jovens. In: OLIVEIRA, Inês Barbosa de; PAIVA, Jane (org.). *Educação de jovens e adultos*. Rio de Janeiro: DP&A Editora, 2004, p. 43-54.

ANDRÉ, M. (org.) *Formação de professores no Brasil (1990--1998)*. Brasília: MEC/Inep/Comped, 2002 (Estado do Conhecimento, 6).

ARROYO, Miguel G. Educação de jovens-adultos: um campo de direitos e de responsabilidade pública. In: SOARES, Leôncio; GIONVANETTI, Maria A. G. de C.; GOMES, Nilma Lino (orgs.). *Diálogos na educação de jovens e adultos*. Belo Horizonte: Autêntica, 2005.

_____. Formar educadores e educadoras de jovens e adultos. In: SOARES, Leôncio (org.) *Formação de educadores de jovens e adultos*. Belo Horizonte: Autêntica/Secad-MEC/ Unesco, 2006.

_____. *Ofício de mestre*: imagens e autoimagens. 14ª ed. Petrópolis, RJ: Vozes, 2013.

AZEVEDO, Fernando de et al. A reconstrução educacional no Brasil: ao povo e ao governo. *Manifesto dos pioneiros da educação nova (1932) e dos educadores (1959)*. Recife: Fundação Joaquim Nabuco/ Massangana, 2010, p. 31--66. Disp. em: <http://www.dominiopublico.gov.br/ download/texto/me4707.pdf>. Acesso em: 22 set. 2014.

REFERÊNCIAS BIBLIOGRÁFICAS

BARRETO, Vera. Formação permanente ou continuada. In: SOARES, Leôncio (Org.). *Formação de educadores de jovens e adultos*. Belo Horizonte: Autêntica/Secad-MEC/Unesco, 2006, p. 93-102.

BATISTA NETO, J. MCP: o povo como categoria histórica. In: REZENDE, Antônio Paulo (org.) *Recife*: que história é essa? Recife: Fundação de Cultura da Cidade do Recife, 1987.

BEISIEGEL, Celso de Rui. *Política e educação popular*: a teoria e a prática de Paulo Freire no Brasil. 4ª ed. rev. Brasília: Liber Livro, 2008.

BRANDÃO, C. R. *Educação Popular*. São Paulo: Brasiliense, 1984.

BRASIL. Ministério da Educação. Secretaria de Educação Continuada, Alfabetização e Diversidade. *Cadernos da EJA*. Trabalhando com a educação de jovens e adultos. Alunas e alunos da EJA. Brasília: MEC-Secad, 2006.

_____. Ministério da Educação. Instituto Nacional de Estudos e Pesquisas Educacionais Anísio Teixeira. *Censo da educação básica*: 2012 – resumo técnico. Brasília: Inep, 2013.

CHRISTOFOLI, Maria C. P. A sala de aula como espaço rico de aprendizagem ou do óbvio. In: SCHWARTZ, Suzana. *Alfabetização de Jovens e Adultos*: teoria e prática. Rio de Janeiro: Vozes, 2010.

COELHO, G. Paulo Freire e o Movimento de Cultura Popular. In: ROSAS, Paulo (org.). *Paulo Freire*: educação e transformação social. Recife: Ed. Universitária da UFPE, 2002.

CONTRERAS, José. *Autonomia de professores*. São Paulo: Cortez, 2002.

CORRÊA, Arlindo Lopes. *Educação de massa e ação comunitária*. Rio de Janeiro: AGGS/Mobral, 1979.

CUNHA, L. A.; GÓES, M. de. *O golpe na educação*. Rio de Janeiro: Jorge Zahar, 1985.

REFERÊNCIAS BIBLIOGRÁFICAS

DAYRELL, Juarez T. Juventude, produção cultural e educação de jovens e adultos. In: SOARES, Leôncio; GIOVANETTI, Maria A. G. de Castro; GOMES, Nilma Lino (org.). *Diálogos na educação de jovens e adultos*. Belo Horizonte: Autêntica, 2005. 296p.

_____; NOGUEIRA, Paulo H. de Q.; MIRANDA, Shirley A. de. Uma introdução: juventude ou juventudes? In: CORTI, Ana Paula et al. *Caderno de Reflexões*: jovens de 15 a 17 anos no ensino fundamental. Brasília: MEC/Via Comunicação, 2011. 198p.

_____; MOREIRA, Maria Ignes Costa; STENGEL, M. (org.) *Juventudes contemporâneas:* um mosaico de possibilidades. 1ª ed. Belo Horizonte: Editora PUC-Minas, 2011. v. 1500. 447p.

DINIZ-PEREIRA, Júlio Emílio. *Formação de professores:* pesquisa, representação e poder. Belo Horizonte: Autêntica, 2000.

FAURE, Edgar et al. *Aprender a ser*. Lisboa: Bertrand/ Difusão Europeia do Livro, 1974.

FAUSTO, Boris. A Revolução de 1930. In: MOTA, Carlos Guilherme (org.). *Brasil em Perspectiva*. 11ª ed. São Paulo: Difel, 1980.

FÁVERO, O. *Seminário sobre os movimentos de cultura e educação popular no início dos anos 1960*. UFPB, 2003.

FREIRE, Paulo. *Pedagogia do oprimido*. 17. ed. São Paulo: Paz e Terra, 1997.

_____. *Educação e atualidade brasileira*. São Paulo: Cortez, 2001.

_____. Educação de Adultos: algumas reflexões. In: GADOTTI, M.; ROMÃO, J. E. *Educação de Jovens e Adultos:* teoria, prática e proposta. 9ª ed. São Paulo: Cortez/ Instituto Paulo Freire, 2007.

_____. *Pedagogia da autonomia*. 37ª ed. São Paulo: Paz e Terra, 2008.

REFERÊNCIAS BIBLIOGRÁFICAS

GADOTTI, Moacir. (Org.) *Mova-Brasil 10 anos*: movimento de alfabetização de jovens e adultos. São Paulo: Instituto Paulo Freire, 2013.

_____. *Por uma política nacional de educação popular de jovens e adultos*. São Paulo: Editora Moderna/Fundação Santillana, 2014.

GARCÍA, Carlos Marcelo. A formação de professores: novas perspectivas baseadas na investigação sobre o pensamento do professor. In: NÓVOA, Antônio. *Os professores e a sua formação*. 2. ed. Lisboa: Publicações Dom Quixote, 1995, p. 51-76.

_____. *Formação de professores para uma mudança educativa*. Porto: Porto Editora, 1999.

GODOY, J. M. L. de; CARREIRO COELHO, N. P. *Livro de leitura para adultos:* Movimento de Cultura Popular. Recife: Gráfica Editora do Recife, 1962.

GOHN, M. G. M. *Teoria dos movimentos sociais:* paradigmas clássicos e contemporâneos. São Paulo: Edições Loyola, 1997.

GOMES, Nilma Lino. Práticas pedagógicas e questão racial: o tratamento é igual para todos/as? In: DINIZ, Margareth; VASCONCELOS, Renata Nunes (org.). *Pluralidade cultural e inclusão na formação de professoras e professores:* gênero, sexualidade, raça, educação especial, educação indígena, educação de jovens e adultos. Belo Horizonte: Formato Editorial, 2004, p. 80-108.

GONÇALVES, Edneia (coord.). *Alfabetização Solidária, 13 anos:* percursos e parcerias. São Paulo: Alfabetização Solidária, 2009.

HADDAD, Sérgio. *Ensino supletivo no Brasil:* o estado da arte. Brasília: Reduc/Inep, 1987.

_____. *O estado da arte das pesquisas em educação de jovens e adultos:* a produção discente da pós-graduação em educação no período de 1986-1998. São Paulo: Ação Educativa, 2000.

REFERÊNCIAS BIBLIOGRÁFICAS

HUBERMAN, Michaël. O ciclo de vida profissional dos professores. In: NÓVOA, Antônio. *Vidas de professores*. 2. ed. Porto: Porto Editora, 1995, p. 31-59.

IANNI, Octavio. *Pensamento social no Brasil*. Bauru: Edusc, 2004.

IMBERNÓN, Franciso. *Formação docente e profissional*: formar-se para a mudança e a incerteza. 9. ed. São Paulo: Cortez, 2011.

IPF – Instituto Paulo Freire. *Rede Mova Brasil*: registro de suas ações 2001-2004. São Paulo: Instituto Paulo Freire, 2005.

LIBÂNEO, J. C.; TOSCHI, M. S.; OLIVEIRA J. F. *Educação Escolar*: Política, Estrutura e Organização. 10ª ed. São Paulo: Cortez Editora, 2012.

LÜDKE, Menga et al. *O professor e a pesquisa*. 3. ed. Campinas, SP: Papirus, 2004.

LYRA, Carlos. *As quarenta horas de Angicos*: uma experiência pioneira de educação. São Paulo: Cortez, 1996.

MACHADO, M. M. (org.) *Formação de educadores de jovens e adultos*: II Seminário Nacional. Brasília: Secad-MEC/ Unesco, 2008.

MENDONÇA, E. F. Plano Nacional de Educação: desdobramentos na política educacional. In: TEIXEIRA, L. H. G. (org.) *LDB e PNE*: desdobramentos na política educacional brasileira. São Bernardo do Campo: Umesp, 2002.

NÓVOA, Antônio. Formação de professores e profissão docente. In: _____. *Os professores e a sua formação*. 2. ed. Lisboa: Publicações Dom Quixote, 1995, p. 16-33.

_____. *Professores*: imagens do futuro presente. Lisboa: Educa, 2009.

OLIVEIRA, José Luiz. *As origens do Mobral*. 1989. 253 f. Dissertação de Mestrado – Instituto de Estudos Avançados em Educação, Fundação Getúlio Vargas, Rio de Janeiro. Disponível em: <http://bibliotecadigital.fgv.br/dspace/handle/ 10438/8912>. Acesso em: 20 jan. 2014.

Referências bibliográficas

PÉREZ GÓMEZ, Angel. O pensamento prático do professor: a formação do professor como um profissional reflexivo. In: NÓVOA, Antônio. *Os professores e a sua formação*. 2. ed. Lisboa: Publicações Dom Quixote, 1995, p. 93-114.

PERRENOUD, Phillipe. *Práticas pedagógicas, profissão docente e formação*: perspectivas sociológicas. 2. ed. Lisboa: Publicações Dom Quixote, 1997.

_____. *A prática reflexiva no ofício de professor*. Porto Alegre: Artmed, 2002.

PIMENTA, S. G. (org.). *Saberes pedagógicos e atividade docente*. 1. ed. São Paulo: Cortez, 1999. 246p.

_____; ANASTASIOU, L. das G. C. *Docência no ensino superior*. 1. ed. São Paulo: Cortez, 2002. (Coleção Docência em Formação)

ROCCO, Gaetana Maria Jovino Di. *Educação de Adultos*: uma contribuição para seu estudo no Brasil. São Paulo: Loyola, 1979.

RUMMERT, Sonia Maria. Formação continuada dos educadores de jovens e adultos: desafios e perspectivas. In: SOARES, Leôncio. (org.) *Formação de educadores de jovens e adultos*. Belo Horizonte: Autêntica/Secad-MEC/Unesco, 2006.

SACRISTÁN, J. Gimeno. Consciência e acção sobre a prática como libertação profissional dos professores. In: NÓVOA, Antônio (org.). *Profissão Professor*. 2. ed. Porto: Porto Editora, 1995, p. 63-92.

SANTOS, A. R.; VIANA, D. Educação de Jovens e Adultos: uma análise das políticas públicas (1998 a 2008). In: SOARES, L. (Org.) *Educação de Jovens e Adultos*: o que revelam as pesquisas. Belo Horizonte: Autêntica, 2011.

SANTOS, B. S. *Introdução a uma ciência pós-moderna*. Rio de Janeiro: Graal, 1989.

SOARES, Leôncio. *Educação de adultos em Minas Gerais*: continuidades e rupturas. 1995. Tese (Doutorado em Educação) – Faculdade de Educação, Universidade de São Paulo, São Paulo.

SOARES, Leôncio. (org.) *Formação de educadores de jovens e adultos*. Belo Horizonte: Autêntica/Secad-MEC/Unesco, 2006.

SCHÖN, Donald A. Formar professores como profissionais reflexivos. In: NÓVOA, Antônio. *Os professores e a sua formação*. 2. ed. Lisboa: Publicações Dom Quixote, 1995, p. 77-91.

_____. *Educando o profissional reflexivo*: um novo design para o ensino e a aprendizagem. Porto Alegre: Artes Médicas Sul, 2000.

SCOCUGLIA, Afonso Celso. *A educação de jovens e adultos*: histórias e memórias da década de 60. Campinas, SP: Autores Associados, 2003.

SODRÉ, Nelson Werneck. *Formação histórica do Brasil*. 8. ed. São Paulo: Editora Brasiliense, 1973.

SPOSITO, M. P.; FAVERO, O.; CARRANO, Paulo Cesar; NOVAES, Regina. (Org.) *Juventudes e contemporaneidade*. 1. ed. Brasília: Unesco/MEC/Secretaria Nacional de Juventude, 2007. 275p.

TARDIF, Maurice. *Saberes docentes e formação profissional*. 13. ed. Petrópolis, RJ: Vozes, 2012.

UNESCO. *The Hamburg declaration*. Fifth International Conference on Adult Education. Unesco, 1997.

_____. *Declaração de Nova Delhi sobre educação para todos*. Unesco, 1998.

_____. *Marco de ação de Belém*. VI Conferência Internacional de Educação de Adultos. Brasília: MEC/Unesco, 2010.

WANDERLEY, Luiz Eduardo. A questão social no contexto da globalização: o caso latino-americano e o caribenho. In: CASTEL, R. et al. *Desigualdade e a Questão Social*. São Paulo: Educ, 1997.

WERTHEIN, Jorge; CUNHA, Célio. *Fundamentos da nova educação*. Brasília: Unesco, 2000. 84p. – (Cadernos Unesco. Série educação; 5).

ZEICHNER, Ken. Novos caminhos para o *practicum*: uma perspectiva para os anos 90. In: NÓVOA, Antônio (org.). *Os professores e a sua formação*. 2. ed. Lisboa: Publicações Dom Quixote, 1995, p. 115-38.

2. Periódicos

AGOSTINO, Ana; HINZEN, Heribert; KNOLL, Joachim H. Editorial. *Convergência*. Brasília: Unesco/Ação Educativa/DVV Internacional, edição especial, 2009.

ALTMAN, Helena. Influências do Banco Mundial no projeto educacional brasileiro. *Educação e pesquisa*, São Paulo, v. 28, n. 1, p. 77-89, jan./jun. 2002. Disponível em: <http://www.scielo.br/scielo.php?script=sci_arttext&pid=S1517-97022002000100005>. Acesso em: 18 mai. 2013.

ANDRÉ, M. Formação de professores: a constituição de um campo de estudos. *Educação*, Porto Alegre, v. 33, n. 3, p. 174-181, set./dez. 2010.

ARAÚJO, R. M. B.; JARDILINO, J. R. L. Educação de Jovens e Adultos, as políticas, os sujeitos e as práticas pedagógicas: um olhar sobre a produção do campo – 2006 a 2010. *EccoS – Revista Científica*, São Paulo, n. 25, p. 59-75, jan./jun. 2011.

_____; FREITAS, A. A. A.; JARDILINO, J. R. L.; NUNES, C. M. F. Políticas para educação de jovens e adultos no Brasil: a produção da área nos anos de 2011 e 2012 veiculadas na Anped. *EccoS – Revista Científica*, São Paulo, n. 32, p. 67-84, set./dez. 2013.

ARTE EM REVISTA. *Que foi o MCP?* Ano 2, n. 3, s.d.

CADERNOS DE PESQUISA. São Paulo: Fundação Carlos Chagas, vols. 36-40, nos. 127-141, jan./abr. 2006 a dez. 2010. ISSN 0100-1574 (versão impressa).

CARRANO, Paulo César. Educação de Jovens e Adultos e Juventude: o desafio de compreender os sentidos da presença dos jovens na escola da "segunda chance". *REVEJ@ – Revista de Educação de Jovens e adultos*, Belo Horizonte, v. 1, ago. 2007.

DAYRELL, Juarez T. Juventud, socialización y escuela. *Archivos de Ciencias de La Educación*, La Plata (Argentina), v. 4, p. 15-35, 2010.

KNOLL, Joachim H. A história das conferências internacionais da Unesco sobre a educação de adultos – de Elsinor (1949) a Hamburgo (1997): a política internacional de educação de adultos através das pessoas e dos programas. *Convergência*. Brasília: Unesco/Ação Educativa/DVV Internacional, edição especial, 2009.

NORONHA, Maria Márcia Bicalho; ASSUNÇÃO, Ada Ávila; OLIVEIRA, Dalila Andrade. O sofrimento no trabalho docente: o caso das professoras da rede pública de Montes Claros, Minas Gerais. In: *Trabalho, Educação e Saúde*, Rio de Janeiro, vol. 6, n. 1, p. 65-85, mar./jun. 2008.

OLIVEIRA, Marta Kohl de. Jovens e adultos como sujeitos de conhecimento e aprendizagem. *Revista Brasileira de Educação* [online], Rio de Janeiro, n. 12, pp. 59-73, set./out./nov./dez. 1999.

PEDRALLI, Rosângela; CERUTTI-RIZZATTI, Mary Elizabeth. Evasão escolar na educação de jovens e adultos: problematizando o fenômeno com enfoque na cultura escrita. *Revista Brasileira de Linguística Aplicada*, Belo Horizonte, v. 13, n. 3, p. 771-88, 2013.

REVISTA BRASILEIRA DE EDUCAÇÃO. Rio de Janeiro: Anped/Autores Associados, vols. 11-15, nos. 31-45, jan./abr. 2006 até set./dez. 2010. ISSN 1413-2478 (versão impressa).

REVISTA EDUCAÇÃO E SOCIEDADE. Campinas: Centro de Estudos Educação e Sociedade (Cedes), vols. 27-31, nos. 94-113, jan./abr. 2006 até out./dez. 2010. ISSN 0101-7330.

SOARES, L.; SIMÕES, F. M. A formação inicial do educador de jovens e adultos. In: *Revista Educação e Realidade*, Porto Alegre, vol. 29, n. 2, p. 25-39, jul./dez. 2004.

SPOSITO, M. P. Juventude e Educação: interações entre educação escolar e a educação não-formal. *Educação e Realidade*, Porto Alegre, v. 33, n. 2, p. 83-97, jul./dez. 2008.

UNESCO. *Teaching and Learning*: Achieving Quality Education for All. EFA Global Monitoring Report. Paris: Unesco, 2014a.

_____. *Enseñanza y Aprendizaje*: lograr la calidad para todos. Informe de seguimiento de la EPTV en el mundo. Paris: Unesco, 2014b.

VARGAS, S. M. de; FANTINATO, M. C. de C. B. Formação de professores da educação de jovens e adultos: diversidade, diálogo, autonomia. *Revista Diálogo Educacional*, Curitiba, v. 11, n. 34, p. 915-931, set./dez. 2011.

VENTURA, Jaqueline P. A EJA e os desafios da formação docente nas licenciaturas. *Revista da FAEEBA – Educação e Contemporaneidade*, Salvador, v. 21, n. 37, p. 71-82, jan./jun. 2012.

3. Congressos, conferências, reuniões e seminários

ARAUJO, R. M. de A.; GUIMARÃES, A. S. Os alunos da Educação de Jovens e Adultos-EJA no município de Mariana-MG, Brasil: perfil e trajetória de quem faz esta história. In: SEMINÁRIO LUSO-BRASILEIRO – EDUCAÇÃO, TRABALHO E MOVIMENTOS SOCIAIS, 6, 2013, Lisboa. *Atas...* Lisboa: Instituto de Educação da Universidade de Lisboa, 2013.

CONFERÊNCIA INTERNACIONAL SOBRE A EDUCAÇÃO DE ADULTOS, 5, 1997, Hamburgo, Alemanha. *Declaração de Hamburgo*: agenda para o futuro. Brasília: Sesi/Unesco, 1999 (Série Sesi/Unesco educação do trabalhador 1).

CONFERÊNCIA INTERNACIONAL SOBRE A EDUCAÇÃO DE ADULTOS, 6, 2009, Belém, Brasil. *Marco de ação de Belém*. Brasília: MEC/Unesco, 2010.

FERNANDES, A. P. S.; OLIVEIRA, R. de C. O retorno escolar da mulher pela EJA. In: CONGRESSO INTERNACIONAL DE EDUCAÇÃO, 3, 2011, Ponta Grossa. *Anais...* Ponta Grossa: Universidade Estadual de Ponta Grossa, 2011.

MACHADO, M. Margarida. A prática e a formação de professores na EJA: uma análise de dissertações e teses produzidas no período de 1986 a 1998. In: REUNIÃO ANUAL DA ANPED, 23, 2000, Caxambu, MG. *Trabalhos e pôsteres.* Disp. em: <http://23reuniao.anped.org.br/textos/1822t. PDF> Acesso em: 30 set. 2014.

QUARESMA, Maisa dos Reis. Evolução histórica da questão do analfabetismo no Brasil: a microrrealidade de Buíque/PE (1947-1997). In: CONGRESSO BRASILEIRO DE HISTÓRIA DA EDUCAÇÃO, 5, 2008, Aracaju. *Anais...* Aracaju, SE: SBHE, 2008.

SOARES, L. A formação inicial do educador de jovens e adultos: um estudo da habilitação de EJA dos cursos de pedagogia. In: REUNIÃO ANUAL DA ANPED, 30, 2007, Caxambu, MG. *Pôsteres.* Disp. em: <http://30reuniao. anped. org.br/posteres/GT18-3659—Int.pdf>. Acesso em: 30 set. 2014.

VENTURA, Jaqueline P. A política educacional para a EJA na produção científica do GT Educação de Pessoas Jovens e Adultas da ANPED (1998-2008): contribuições para o debate. In: REUNIÃO ANUAL DA ANPED, 32, 2009, Caxambu, MG. *Trabalhos.* Disp. em: <http://32reuniao. anped.org.br/arquivos/trabalhos/GT18-5890—Int.pdf> Acesso em: 30 set. 2014.

REFERÊNCIAS BIBLIOGRÁFICAS

4. Leis, pareceres e resoluções

BELO HORIZONTE. Conselho Municipal de Educação de Belo Horizonte. *Resolução nº 1, de 5 de junho de 2003*. Regulamenta a Educação de Jovens e Adultos no Sistema Municipal de Ensino de Belo Horizonte. Disponível em: <http://portalpbh.pbh.gov.br/pbh/ecp/files.do?evento=do wnload&urlArqPlc=Resolucao_CME-BH_001-2003_EJA.pdf>. Acesso em: 30 set. 2014.

BRASIL. Lei nº 13.005, de 25 de junho de 2014. Aprova o Plano Nacional de Educação e dá outras providências. *Diário Oficial da União*, Brasília, DF, 26 de junho de 2014. Edição Extra, Seção 1, Página 1.

_____. Ministério da Educação. Conselho Nacional de Educação/Câmara de Educação Básica. *Parecer CNE/CEB nº 11, de 10 de maio de 2000*. Diretrizes Curriculares Nacionais para a Educação de Jovens e Adultos. Disponível em: <http://portal.mec.gov.br/cne/arquivos/pdf/PCB11_2000. pdf>. Acesso em: 21 set. 2014.

_____. Ministério da Educação. Conselho Nacional de Educação/Câmara de Educação Básica. *Resolução CNE/ CEB nº 1, de 5 de julho de 2000*. Estabelece as Diretrizes Curriculares Nacionais para a Educação de Jovens e Adultos. Disponível em: <http://portal.mec.gov.br/cne/ arquivos/pdf/CEB012000.pdf>. Acesso em: 22 set. 2014.

_____. Presidência da República. Casa Civil. Subchefia para Assuntos Jurídicos. *Lei nº 5.692, de 11 de agosto 1971*. Fixa Diretrizes e Bases para o ensino de 1º e 2º graus, e dá outras providências. Disponível em: <http://www. planalto.gov.br/ccivil_03/leis/l5692.htm>. Acesso em: 21 set. 2014.

_____. Presidência da República. Casa Civil. Subchefia para Assuntos Jurídicos. *Constituição da República Federativa do Brasil de 1988*. Disponível em: <http://www.

planalto.gov.br/ccivil_03/constituicao/constituicao.htm>. Acesso em: 21 set. 2014.

BRASIL. Presidência da República. Casa Civil. Subchefia para Assuntos Jurídicos. *Lei nº 9.394, de 20 de dezembro de 1996*. Estabelece as Diretrizes e Bases da Educação Nacional. Disponível em: <http://www.planalto.gov.br/ ccivil_03/leis/l9394.htm >. Acesso em: 21 set. 2014.

MINAS GERAIS (Estado). *Lei 19.481, de 12 de janeiro de 2011*. Institui o Plano Decenal de Educação do Estado. Disponível em: <http://www2.educacao.mg.gov.br/images/ documentos/Plano%20Decenal%20para%20site.pdf>. Acesso em: 30 set. 2014.

5. Documentos disponíveis na internet

AÇÃO EDUCATIVA. *Quem somos*. [São Paulo]: Ação Educativa, Assessoria, Pesquisa e Informação. Disp. em: <http://www.acaoeducativa.org.br/index.php/quem-somos>. Acesso em: 16 set. 2014.

ALFASOL. *Alfabetização inicial de jovens e adultos*. [São Paulo]: Alfabetização Solidária. Disponível em: <http://www. alfa-betizacao.org.br/site/eja.asp>. Acesso em: 12 jun. 2014.

ANPED. *Apresentação*. Rio de Janeiro: Associação Nacional de Pós-Graduação e Pesquisa em Educação. Disponível em: <http://www.anped.org.br/anped/sobre-a-anped/ apresentacao>. Acesso em: 19 set. 2014.

BELLO, J. L. de P. Movimento Brasileiro de Alfa-betização – Mobral. História da Educação no Brasil. Período do Regime Militar. *Pedagogia em Foco*, Vitória, 1993. Disponível em: <http://www.pedagogiaemfoco.pro.br/ heb10a.htm>. Acesso em: 21 jun. 2008.

BRASIL. Ministério da Educação. Secretaria de Educação Continuada, Alfabetização e Diversidade (Secad). *Apresentação*. Disp. em: <http://portal.mec.gov.br/index. php?option=com_content&view=article&id=290&Itemid =816>. Acesso em: 10 de ago. 2014.

FÓRUNS DE EJA. *Eneja's - Encontros Nacionais de Educação de Jovens e Adultos*. Disponível em: <http://forumeja.org.br/ encontrosnacionaiseja>. Acesso em: 17 set. 14.

IBGE – Instituto Brasileiro de Geografia e Estatística. *Censo Demográfico 2000. Características da População e dos Domicílios. Resultados do Universo – Brasil*. Brasília: Ministério de Planejamento, Orçamento e Gestão/IBGE, s/d, p. 41. Disponível em: <http://www.ibge.gov.br/home/ estatistica/populacao/censo2000/default.shtm>. Acesso em: 30 abr. 2009.

_____. *Censo de 2010*. Disponível em: <http://www. censo2010.ibge.gov.br/>. Acesso em: 15 jul. 2012.

IPF – Instituto Paulo Freire. *50 anos – Angicos e programa nacional de alfabetização*: 50 anos da revolução freiriana na educação. A experiência. São Paulo, [2013]. Disponível em: <http://angicos50anos.paulofreire.org/a-experiencia/> Acesso em: 12 set. 14.

IRELAND, T. D. *Desafios e perspectivas para a América Latina. Apresentação, 2000*. Disponível em: <http://www.mec.es/ educa/rieja/>. Acesso em: jan. 2014.

MEC/INEP – Ministério da Educação/Instituto Nacional de Estudos e Pesquisas Educacionais Anísio Teixeira. *Censo Escolar*. Sinopses estatísticas da Educação Básica 1996-2007. Disponível em: <http://www.inep.gov.br/ basi-ca/censo/Escolar/Sinopse/sinopse.asp>. Acesso em: 07 out. 2014.

_____. *Sinopses Educação Básica, 2007-2012*. Disponível em: <http://portal.inep.gov.br/basica-censo-escolar-sinopse-sinopse>. Acesso em: 07 out. 2014.

SOARES, Leôncio José Gomes. *A política educacional.* Disponível em: <http://www.educacaoonline.pro.br/a_política_educacional.asp?f_id_artigo=325>. Acesso em: 9 mai. 2002.

UNESCO. *Recommendation on the development of adult education, adopted by the General Conference at its nineteenth session.* Nairobi, 26 Nov. 1976. Paris: Unesco, 1976. Disponível em: <http://www.unesco.org/education/pdf/NAIROB_E.PDF>. Acesso em: 18 abr. 2014.

_____. *Documents of previous Conferences on Adult Education, 2005.* Disponível em: <www.unesco.org/education/uie/publications/confitea>. Acesso em: 13 mar. 2014.

VENTURA, Jaqueline P. *Educação de jovens e adultos trabalhadores no Brasil:* revendo alguns marcos históricos. 2011. Disponível em: <http://www.uff.br/ejatrabalhadores/artigo-01.htm>. Acesso em: 25 mai. 2014.

José Rubens Lima Jardilino

Graduado em Filosofia com mestrado e doutorado na área de Ciências Sociais pela PUC-SP e pós-doutoramento em Ciências da Educação na Universidade Laval, de Quebec, Canadá, e na Universidade Pedagógica e Tecnológica da Colômbia. Professor de Políticas Educacionais e Formação de Professores no Departamento de Educação do Instituto de Ciências Humanas e Sociais da Universidade Federal de Ouro Preto (Ufop). Pesquisador na área da Educação desde 1997. É coordenador do Programa de Pós-Graduação em Educação da Ufop e do grupo de pesquisa sobre Formação e Profissão Docente (Foprofi – CNPq/Ufop) e codiretor do grupo Hisula (Historia de la Universidad Latinoamericana). Na área de editoria científica, foi fundador e editor até 2010 da *EccoS – Revista Científica* (SP); editor da *Formação Docente – Revista Brasileira de Pesquisa sobre Formação de Professores*; coeditor da *Revista Historia de la Educación Latinoamericana (Rhela)*; e atual presidente do conselho editorial da Editora da Universidade Federal de Ouro Preto(Editora Ufop). É membro representante do grupo de trabalho GT08 – Formação de Professores no Comitê Científico da Associação Nacional de Pós-Graduação e Pesquisa em Educação (Anped) e seu vice-coordenador para o biênio 2013-2015. É membro da Junta Diretiva da Sociedad de Historia de la Educación Latinoamericana (Shela), da qual foi presidente (2007-2011). Preside o Centro Latinoamericano de Investigación Vendimia. É professor visitante e pesquisador da Red de Universidades Estatales de Colombia (Rudecolombia) e da Universidad Pablo de Olavide, de Sevilla, Espanha. É pesquisador sênior do Colciencias (Departamento Administrativo de Ciencia, Tecnología e Innovación), da Colômbia.

Regina Magna Bonifácio de Araújo

Doutora em Educação pela Universidade Estadual de Campinas (Unicamp), mestre em Educação pela Universidade Federal de Juiz de Fora (UFJF), graduada em Pedagogia pela PUC-MG. Concluiu o curso de magistério (de nível médio) em 1976. Atualmente é professora adjunta II no Departamento de Educação da Ufop, pesquisadora e professora no Programa de Pós-Graduação Mestrado em Educação e no Mestrado Profissional em Ensino de Ciências (Ufop). Integra o Grupo de Estudos e Pesquisas sobre Formação e Profissão Docente (Foprofi), o Observatório Educacional da Região dos Inconfidentes e o Observatório da Educação (Obeduc). Foi professora de Didática e Prática de Ensino em outras instituições de ensino superior (IES), pró-reitora de graduação do Centro Universitário Metodista IPA (RS) e diretora da educação básica em colégios da Rede Metodista de Educação de Minas Gerais e São Paulo. Suas pesquisas têm como foco a formação docente e a educação de jovens e adultos. Autora do livro *Alfabetização econômica: compromisso social na educação de crianças* (Editora Metodista), de capítulos em diversas obras e de artigos em periódicos na área da formação de professores e EJA.

www.cortezeditora.com.br